Eduard Heyck

Die Mediceer

Eduard Heyck

Die Mediceer

ISBN/EAN: 9783743695740

Hergestellt in Europa, USA, Kanada, Australien, Japan

Cover: Foto ©ninafisch / pixelio.de

Weitere Bücher finden Sie auf **www.hansebooks.com**

Die Mediceer.

Von

Archivrath Prof. Dr. Ed. Heyck.

Mit 4 Kunstbeilagen und 148 Abbildungen.

Bielefeld und Leipzig.
Verlag von Velhagen & Klasing.
1897.

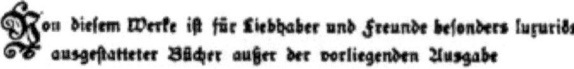Von diesem Werke ist für Liebhaber und Freunde besonders luxuriös ausgestatteter Bücher außer der vorliegenden Ausgabe

eine numerierte Ausgabe

veranstaltet, von der nur 100 Exemplare auf Extra-Kunstdruckpapier hergestellt sind. Jedes Exemplar ist in der Presse sorgfältig numeriert (von 1—100) und in einen reichen Ganzlederband gebunden. Der Preis eines solchen Exemplars beträgt 20 M. Ein Nachdruck dieser Ausgabe, auf welche jede Buchhandlung Bestellungen annimmt, wird nicht veranstaltet.

Die Verlagshandlung.

Druck von Fischer & Wittig in Leipzig.

Bildnis Lorenzos des Medici. Gemälde von Vasari (1511–1574) in den Uffizien zu Florenz.
Nach einer Originalphotographie von Braun, Clément & Cie. in Dornach i. E., Paris und New York

Mit dem Namen Medici verknüpfen sich Florenz und Rom. Zu dreienmalen haben Mitglieder des Hauses die Kathedra Petri bestiegen und sind die Oberhirten der römischen Christenheit geworden. Die Weltgeschichte nennt Leo X. und daneben Clemens VII. voran vor solchen, die größere Fürsten der Kirche gewesen sind. Ihr Ruhm ist es, mit zu jenen humanistischen Päpsten zu gehören, die die neue italienische Bildung und Kunst der Renaissance auch in die ewige Stadt getragen haben; ihr Gedenken verkünden die Bauten und Kunstwerke von Rom, von denen auf den Durchwanderer der Straßen und Galerien das Mediciwappen, mit der dreikronigen Tiara und den gekreuzten Schlüsseln des Apostels geschmückt, hernieder schaut. Aber freilich, nicht deswegen prägt man die Namen dieser Päpste schon in das Gedächtnis des Schülers, sondern weil gerade sie es auch gewesen sind, die die größten Umwälzungen in der christlichen Kirche und in den Staatengeschicken Italiens handelnd und leidend miterlebt, um nicht zu sagen beschleunigt und in den letzten Stadien verschuldet haben.

Wirklich zu eigen gehört dies berühmteste bürgerliche Geschlecht der Geschichte der anderen, der toskanischen Stadt. Hier am Arno stand seine Wiege, hier blieben sie heimisch und wurden sie für mehr als drei Jahrhunderte die Lenker der äußeren und inneren Geschicke von Stadt und Staat. Nicht durch sie allein, aber durch sie hauptsächlich ist Florenz geworden, als was sein

schöner Name seitdem die Welt durchklingt: die historische Kunststadt vor allen anderen, das hohe und wohl nie wieder erreichbare Ideal für unsere modernen, mit löblicher Regsamkeit wetteifernden Residenzen: ein den ganzen Umkreis der Künste und Wissenschaften nicht etwa bloß budgetmäßig pflegendes, sondern bis in breite und tiefe Schichten seiner Bürgerschaft von allem Schönen und Bedeutenden echt erfülltes und wirklich durchdrungenes Gemeinwesen.

Die Stadt Florenz schaut nicht von weltgeschichtlichen Hügeln auf ewig denkwürdige Ruinen des klassischen Altertums hernieder, noch hat an ihr jemals das Wohl und Wehe eines Erdkreises gehangen, wie an dem herrschenden Rom des Senates und forumversammelten Volkes, dem Rom der Cäsaren und noch einmal wieder dem der großen mittelalterlichen Päpste. Florenz besitzt keine Umgebung von der erhabenen Schwermutspoesie der Campagna, keinen Soracte, zu dem schon ein Horaz hinüberspähte, kein Tibur-Tivoli. Die Stadt hat es dulden müssen, daß von ihren eigenen Schülern zwei Größte ihr ausgereiftes Können und ihre einheitlichsten, umfassendsten Leistungen nach Rom getragen haben in die Sixtinische Hauskapelle und in die gewölbten Prachtgemächer des vatikanischen Papstpalastes: Michelangelo Buonarroti und Raffael. Und dennoch und trotz alledem: wie einst König Ludwig I. zugleich in einfachster Formulierung und in einem seiner gewaltthätigsten Hexameter sang, fehlet Rom, was Florenz besitzt.

Ehe das begründet und ausgeführt werde, noch eine zweite Parallele. Auch jene besondere und plötzliche Zaubermacht kann Florenz nicht üben, womit Venedig den Ankömmling trotz all seiner ahnenden Erwartung überwältigt und ganze Tage hindurch wie in einen Märchentraum verstrickt hält: die wundersame Stadt in den Wassern, ein einziges köstliches Kunstwerk in ihrer phantastischen und zum Teil halb morgenländischen Pracht, mit jedem ihrer Plätze, jedem flutbespülten Marmorpalast erinnernd an eine auf immer vollendete, aber überaus eigenartige, große und kühne, für viele mit dem schaurigen Reiz der dunklen Staatsgeheimnisse durchwebte Geschichte.

Die Stadt am Arno hat eine viel sanftere Art, sich ihren Besuchern und Freunden ins Herz zu schreiben, und die Neigung zu ihr ist nicht wie erste Jugendliebe, die allzu groß beginnt. Diese Neigung wird desto überzeugter und nachhaltiger, je mehr sie sich selber verstehend und prüfend erkennt, sie kann nur wachsen und dauern. Florenz ist reich, harmonisch und fein, sowohl in dem Bilde seiner Schönheit, wie in dem Wesen und der Bedeutung seiner geistesgeschichtlichen Vergangenheit. —

Wir blicken von einem Punkte der südlichen Höhen, vielleicht von San Miniatos Kirche auf sie herab (Abb. 1). Das ist da unten fein und viel- und buntgetürmtes Städtebild, fein architektonisches Effekt- und Theaterstück. Mit hellen Mauerfassaden und dunklen, sehr wenig geneigten Dächern liegt ein weites Meer steinerner Häuser, aus dem sich in ruhiger, bestimmter Großartigkeit drei Wunderwerke hoch empor erheben: die Kuppel und nahe zur Linken der Glockenturm des Domes und nicht ferne von beiden, aus dem Zinnenkranze des Palazzo vecchio hervorschießend, der seine schwanke Turm dieses Regierungssitzes der Stadt. Im Mittelgrunde zieht der Arno seine Bahn und scheidet die Stadt in einen kleinen südlichen und einen größeren nördlichen Teil. Das Überwiegen des nördlichen Stadtgebietes am rechten Ufer ist das natürliche Ergebnis der topographischen Vorbedingungen. Denn von Süden her drängen sich die Berge näher an den Arno, als irgendwo in der Gegend, während im Norden der Apennin zurückweicht und

Abb. 1. Blick von Süden auf Florenz

Abb. 2. Abhang von Fiesole.

zwischen dem Fuß seiner Berge und dem Strome das weite, ebene, seeartige Becken freigibt, das von der wohlgebauten Stadt in schöner Bequemlichkeit eben ausgefüllt wird. Hoch in weichen harmonischen Modellierungen und Umrissen gleiten die Formen dieser Berge dahin; bis an ihre Gipfel ziehen sich Kirchlein, Villen und ländliche Gehöfte hinauf, mit den klaren sauberen Farben der südländischen Dorfbauweise, blendendem Weiß und kräftigem, unabgetöntem Rot, malerisch eingestreut in die Olivenhaine umher und zwischen die gleich schwarzen Flammen aufzüngelnden Cypressen. Unmittelbar jenseits, nördlich über Florenz, liegt hochdroben das Faesulae der Alten, das anmutreiche vielgenannte Fiesole (Abb. 2). Uralt etruskischen Ursprungs und wie alle Städte dieses überaus interessanten Volkes auf steiler Bergkuppe gebaut, von cyklopischen Felsmauern unterseitigt, hat Fiesole längst auf die Bedeutung

verzichten müssen, die es im Altertume besaß; es hat sich seit dem XII. Jahrhundert endgültig in ein freundliches toskanisches Landstädtchen gewandelt, das sich gastlich zu öffnen und über den mit Villen und Abteien bedeckten Abhang hinab der neuen Herrin im Thale entgegenzuschweben scheint.

Wie ein weites großes Amphitheater, in dessen Arena Florenz selber liegt, schwingt sich der Bergkreis im Norden, Osten und Süden um die Stadt herum, ohne daß sich der Eintritt des Arno bemerkbar macht; aber wo nach Westen der Strom weiter hinabwallt und der Ombrone sich ihm zugesellt, da begleitet ihn eine fruchtbare, mit Ortschaften besäte Ebene inmitten der in geräumigem Abstand verbleibenden Bergweiten. Der von San Miniato oder Fiesole über Florenz Schauende freilich vermag nicht zu verfolgen, wie er dann weiter die stillen Mauern von Pisa und das Meer erreicht, ihm schließen in

Abb. 3. Vorder- und Rückseite einer Goldmünze von Florenz. (Florino oder Florin.)

Abb. 4. Dante. Fresko im Bargello, vermutlich von Giotto.

westlicher Ferne neue majestätische Berge den Horizont — ein unvergeßlich schöner Anblick, wenn an ihnen die Abendsonne des Südens verglüht: das sind die vollen Formen der Berge von Lucca und steil über diese hinweg die hochalpengleichen Zackenketten des Marmorgebirgs von Carrara, der Apuanischen Alpen, an deren jenseitigen Ufergestaden die Vorstellung und Erinnerung das Aufrauschen der blauen Woge des Tyrrhener Meeres vernimmt.

Und welch ein Gedenken, das der schönheitstrunkene Blick zugleich erweckt! In dieser Stadt, die da drunten in ruhiger Herrlichkeit sich breitet, da erwuchsen in gemeinsamer Wiege die Sprache und nationale Litteratur der Italiener. Da fand die wiedergeborene Kunst eine frühe Heimat und kam zu selbstgereifter Kraft und Schönheit. Aus dem engeren Kreise eines geistigen Aristokratentums drangen Dichtung und Schönheitsinn von Anfang an in die Menge hinaus und wurzelten glücklicher in dem tieferen Boden, denn anderwärts in episodischer Treibhauszucht. Nur hier konnte die wahre Bildungshauptstadt des neueren Italien und im größeren Sinn der ganzen neueren Kulturwelt sein. Die Gestalten von Dante, Petrarca, Giotto, Michelangelo, Macchiavelli, Galilei tauchen vor dem Geiste empor, zu ihnen gesellt sich eine Fülle an weiteren, nicht geringeren und nur eben an dieser Stätte nicht auch überragenden Talenten; und der Name Medici schwebt über diesem ganzen Reichtum der künstlerischen Thaten und des Ruhmes, wenn nicht mit allen jenen Persönlichkeiten im Leben, so doch mit der Dauer und dem Verständnis ihrer Werke innig verbunden. Es war gewißlich nicht zu viel, wenn einst Heinrich Leo, der deutsche Geschichtschreiber des mittelalterlichen und neueren Italien, an dieser Stätte von Begeisterung emporgetragen ausrief: „Jede Straße von Florenz ist eine Welt für die Kunst, die Mauern von Florenz sind der Kelch, der die schönste Blume menschlichen Geistes umschließt, und diese Stadt ist der reichste Edelstein in dem Diadem, womit das italienische Volk die Erde geschmückt hat!"

Erst im hohen Mittelalter beginnt die große Geschichte von Florenz. Zur Zeit der seefahrenden, kunst- und gewerbefleißigen Etrusker und der immer machtvoller um sich greifenden Tiberstadt lag die Thalweite am Arno noch in stiller, wiesengrasbewachsener Einsamkeit. Dann setzt in die letzten Zeiten vor Christi Geburt die Überlieferung die Anlage einer römischen Militärkolonie, woraus Florenz hervorging. Die lokale Tradition will ferner wissen, daß sich zu den Zeiten Otto I., des Kaisers, der das zurückgewonnene Italien in fester Hand am Reiche hielt und mit deutschen Beamten und Lehensträgern zugleich deutsche Verfassungs- und Rechtsbegriffe nach Italien zu verpflanzen oder dort zu verstärken eifrig bedacht war, eine größere Anzahl solcher über die Alpen gekommener Herren am Arno niedergelassen habe. So hätte sich gerade auch hier noch weiteres germanisches und zwar im engeren Sinne deutsches Blut dem

Volkstume der Goten und Langobarden hinzugemischt, die nacheinander im V. und VI. Jahrhundert die toskanischen Gegenden erobernd besetzten. Übrigens begegnen ursprünglich vollgermanische, nur oberflächlich verwelschte und italienisch mundgerecht gemachte Eigennamen, wie in ganz Italien, (Garibaldi, Grimaldi u. s. w.) auch bei den älteren Mitgliedern des Hauses Medici als Vornamen, z. B. Averardo (Eberhard), Ardingo (Harding), Arrigo (Heinrich) oder in anderer Art: Alamannus — worin wir jedoch nicht so verstanden werden möchten, als wollten wir damit einen germanischen Ursprung der Medici und überhaupt etwas anderes belegen, als den andauernden und allgemeinen Nachklang der Wiedererweckung und Verjüngung Italiens durch das Germanentum, welches mit seiner unverbrauchten Volkskraft das westliche und südliche Europa in den Zeiten der sogenannten Völkerwanderung erfüllte und wiederbelebte.

Mit dem Tode der aus deutschem Blute entstammten Großgräfin Mathilde von Tuscien, der Burgfrau von Canossa und Freundin Gregors VII., begann (1115) die freistädtische Kommunalentwickelung des nunmehr von landesherrlicher Gewalt, jedoch keineswegs zugleich von der Oberherrlichkeit des Reiches befreiten Florenz. Die Zeit der Kreuzzüge war angebrochen, durch sie der Orient erschlossen und in direkte Beziehung mit dem Abendlande gesetzt worden, Handel und gewerbliche Regsamkeit, Verkehr von Menschen, Waren und klingendem Gelde begannen mächtig durch das vorher so geruhsam still

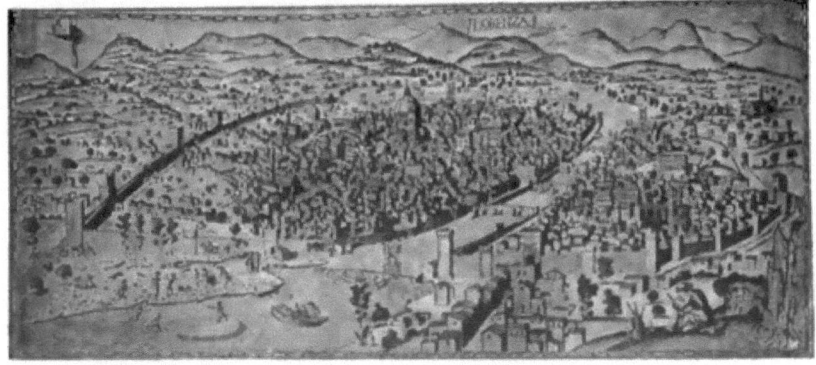

Abb. 3. Florenz um 1490. Nach einem gleichzeitigen Holzschnitt im königl. Museum zu Berlin.

Abb. 6. Die Befestigung der Stadt. (Darstellung der Belagerung von 1592/93.) Gemälde Galerie im Palazzo Vecchio. (Nach einer Photographie von Gebr. Alinari, Florenz.)

gewesene Europa und alle Länder um das
Mittelmeer, am lebendigsten durch Italien
zu fluten. Diese italienischen Städter waren
keine Glaubenshelden und keine um Frauen-
dank und Abenturenlust ausziehenden Ritter,
sie gedachten nur die neuen großen Ereignisse recht schnell und eifrig zu friedlicher
Beute auszunutzen. Und sie fanden darin

gemäß keinen unmittelbaren Anteil an der
blühenden Waren- und Transportreeberei von
Genua, Pisa und Venedig, dafür jedoch
gelang es ihm frühzeitig, den großen Geld-
verkehr über die eigenen Banken zu lenken
und insbesondere auch die weitverzweigten
Finanzangelegenheiten der großen Sammlerin
aus aller Christenheit, der päpstlichen Kurie

Abb. 7. Palazzo Vecchio oder Signorienpalast
(Regierungsgebäude zu Florenz.)
Nach einer Originalphotographie von Braun, Clément & Cie. in Dornach i. E., Paris und New York.

auch bei den Orientalen Verständnis, daß
es nicht nötig sei, sogleich den Geschäfts-
verkehr abzubrechen oder zu gefährden, weil
irgendwo in der Nähe begeisterte Lehns-
anfgebote französischer, deutscher, englischer
Ritter gegen die dichten Scharen selb-
schukischer oder ägyptischer Sultane und
Emire fochten. Florenz selber hatte natur-

zu Rom, in die Hand zu bekommen. Und
außerdem oder vielmehr in Verbindung mit
der Ausdehnung des Geldgeschäftes gewann
die gewerbliche Thätigkeit der Stadt — in
erster Linie Tuchfabrikation und Seiden-
wirkerei — ein immer steigendes Ansehen.
Mit großer Schnelligkeit wurde Florenz in
seinem ganzen Umkreise die bedeutendste und

Abb. 8. Hof des Palazzo Vecchio.
(Nach einer Photographie von Gebr. Alinari, Florenz.)

zukunftsreichste Stadt, während Fiesole ein Nichts geworden war und Pisa den grimmigen Vernichtungskrieg der Nebenbuhlerin, des harten ligurischen Genua, immer schwerer, immer aussichtsloser abzuwehren hatte. Florentiner Geschäftsangestellte saßen in den Refektorien englischer und schottischer Abteien als Gäste, kauften die auf den dortigen Ländereien erzeugte Wolle; die Filialen und Agenturen der Banken waren über den ganzen Umkreis der bekannten Erde verstreut, von der Küste des westlichen Oceans bis an den Nil, bis in die blühenden Handelsplätze des Schwarzen Meeres, nach Cypern, Armenien, und tief sogar in das geheimnisdunkle Innere von Asien hinein. Die Goldmünze von Florenz (Abb. 3), seit 1252 geprägt, der Florenus (Fiorino, Florin) mit dem Lilienwappen der Stadt, ward in dem ungeheuren Münz- und Währungswirrwarr der damaligen Welt die wichtige, alles ausgleichende und vermittelnde Norm.

Dieses stetige Aufblühen ist möglich gewesen bei einer Unruhe und Kampfeslust innerhalb der Stadt, wie sie selbst im übrigen Italien nicht unersättlicher angetroffen wird. Übersichtlicher sind diese Wirren noch bis zur Mitte des XIII. Jahrhunderts, wo man sich innerhalb des hergebrachten engeren Adelsregimentes der patrizischen Geschlechter um Macht und Ansehen stritt. Auch die damalige Parteigruppierung der Familien und Personen ist noch einfacher. Ghibellinen und Guelfen, so heißen, wie überall in Italien im XIII. und bis ins XIV. Jahrhundert, die Schlagworte und Parteien auch in Florenz: Ghibellinen diejenigen, welche den rechtmäßigen Ursprung aller Verfassungsformen und politischen Befugnisse aus der Reichsgewalt herleiten und sich entsprechend an das Kaisertum und das Staufergeschlecht anlehnen, die Guelfen eine Art nationale Unabhängigkeitspartei, der ein oberhauptloses Nebeneinander italischer Städterepubliken vorschwebt, und die sich vor der Hand mit allen Gegnern des Staufertums verbindet. Immerhin würde man irren, wenn man die Parteien und Kämpfe nun überhaupt und jedesmal im einzelnen auf diesen großen Gegensatz zurückführen wollte. Die Parteiung, die Rivalitäten, die dualistische Gruppierung sind an sich das Naturgemäße und Unentbehrliche, die Motive der Parteinahme meist sehr viel kleiner, konkreter und persönlicher, als die großen Principien, die gewissermaßen unbiskutierbar im Hintergrunde stehen. Allerdings verfehlen sie eben darum, auch nachdem sie innerlich längst veraltet sind, ihre herkömmliche Autorität nicht, sobald man feierlich auf sie hinweist.

Der Streit der Abelsfaktionen erleichterte es demjenigen Stande, der in fast allen italischen Städten um die Mitte des XIII. Jahrhunderts nach der Mitherrschaft griff, damals auch in Florenz seinen Siegeslauf zu beginnen. Im Todesjahre Kaiser Friedrichs II., 1250, erhob sich mit Waffengewalt der „popolo", b. h. trotz dieser Selbstbezeichnung nicht das eigentliche und ganze Volk, sondern vielmehr der Kreis der nicht-abligen ansehnlichen, in den arti. den Zünften, vereinigten Bürger. Als diese Zünfte — die jedoch keineswegs etwa auf die Handwerke beschränkt waren, sondern eben Berufskorporationen überhaupt bildeten — sind voran folgende sieben zu nennen: die Wechsler, die Tuchweber, die Kaufleute der calimala (die als Einkäufer flandrischer und französischer Rohware, die sie färben und verfeinern ließen, ebenfalls hauptsächlich am Tuchgeschäfte beteiligt waren), die Seidenwirker, die Kürschner und Pelzhändler, die Ärzte und Apotheker und die Notare und Richter. Diese sieben und seit 1292 fünf weitere Zünfte dazu, die man seitdem auch mit als „große" bezeichnete, waren und blieben der popolo grasso, wie man mit italienisch-plastischer Figürlichkeit sagte, das Fettbürger- und Unternehmertum im Gegensatze zu dem in den kleineren Zünften mehr die wirkliche Handwerksarbeit thuenden popolo minuto. Nachdem die Erhebung von 1250 eine eigene Verfassung des popolo neben das Abelsregiment gestellt hatte, brachten weitere Kämpfe und besonders das Jahr 1282 den völligen Sieg. Aus diesen Umwälzungen und aus weiteren Neuerungen, von denen am erwähnenswertesten die der Jahre 1293 und 1328 sind, erwuchs eine Verfassung, an der zwar auch noch jederzeit weiter gemodelt wurde, weil jede momentan die Sachlage beherrschende Gruppe das für die

Abb. 9. Palazzo Guadagni. Mit offener Loggia. Von Simone del Pollajuolo.

Anbauer ihrer Regierung Günstige in die Staatsgesetze hineinzubringen trachtete, die aber in einer Art Durchschnittsprojektion folgendes Bild aufweist:

Das Regierungskollegium, die Signoria, setzte sich zusammen aus den Prioren, d. h. Vorstehern der großen Zünfte, den neunzehn Gonfalonieren der popolanen Bürgerwehr, zwölf nach wieder einer andern Einteilung gewählten besonderen Vertrauensmännern des Volkes, buonuomini, ferner 24 Konsuln der höheren Zünfte und noch 36 von den Prioren hinzugezogenen, nach den sechs Stadtgegenden (Sestieri) ausgewählten Bürgern. Als oberstrichterliches Amt bestand das des Podestà mit den dazu gehörigen Behörden weiter; Bargello war der Titel des zeitweilig besondere Wichtigkeit gewinnenden Polizeihauptmanns. Die Neubesetzung aller Ämter wechselte in sehr kleinen Zeiträumen. Von Ratsversammlungen der weiteren Bürgerschaft waren zuerst eine ganze Anzahl nebeneinander herangewachsen, bis man sie 1328 auf einen consiglio del popolo von 300 bürgerlichen Mitgliedern und einen aus 250 Abligen und Bürgerlichen bestehenden consiglio comune zusammenzog. Sonderausschüsse, Balien genannt, konnten jederzeit aus den Bürgern durch die Regierung frei gebildet und ihnen besondere Angelegenheiten übergeben werden, was gewöhnlich zur Beendigung politischer Krisen geschah.

Nur jene eine Ratsversammlung stand den Abligen, den grandi, wie man sie nannte, offen, sonst hatte ihnen die Gesetzgebung des ausgehenden XIII. Jahrhunderts die Wählbarkeit zu allen Ämtern abgesprochen. Sie mußten denn schon unter Verzicht auf Geburtsstand und Lehensfähigkeit unter die Popolanenfamilien übertreten und sich in eine Zunft einschreiben lassen, was auch viel und dann gern unter Änderung des Familiennamens geschah. Zur Überwachung der Gesetze gegen den Abel war 1293 der gonfaloniere della giustizia an der Spitze einer besonderen Miliz eingesetzt worden. Gonfaloniere ist ebenfalls ein gutes altes deutsches und nur von außen italienisiertes

Abb. 10. Hof des Podestàpalastes oder Bargello.
Nach einer Photographie von Gebr. Alinari, Florenz.

Wort: von gund-fano, Kampf-fahne, abgeleitet, bedeutet es wörtlich Fähnrich oder wie man früher in Deutschland dasselbe Wort in etwas anderer Bildung kannte: Venner. Dem gonfaloniere della giustizia, der von den neunzehn Fähnrichen der allgemeinen Bürgerwehr des Popolo wohl zu unterscheiden bleibt, gaben Amt und militärisches Kommando von vornherein ein unvermeidlich großes Übergewicht, und so ist er denn schon bald nach 1300 zum vorsitzenden Mitgliede der Signoria und ersten Beamten der Stadt emporgestiegen.

Inzwischen waren 1267, ein Jahr nach König Manfreds Niederlage und Tod bei Benevent, die Ghibellinen endgültig die Besiegten geworden und in die Verbannung gegangen. Die Stadt gehörte fortan dem Guelfenadel und den Popolanen allein, natürlich ohne daß darum Friede gebauert

Abb. 11. Blick aus dem Campanile auf den Palazzo vecchio.
(Nach einer Photographie von Gebr. Alinari, Florenz.)

hätte. Bald war es der noch nicht gänzlich ausgefochtene Gegensatz Adel und Popolo, bald wieder hallte der Schlachtruf anderer, jüngerer Parteiungen durch die Straßen und die Quartiere der Stadt. Gegen Ende des XIII. Jahrhunderts wurde ganz Florenz in die eine Gegnerschaft der Schwarzen (neri) und Weißen (bianchi) auseinander gezerrt. Obwohl beide im Guelfentume wurzelten und persönliche Reibungen der Ausgang gewesen waren, konnte man bald insofern die früheren Jahrzehnte zurückgekehrt wähnen, als die Bianchi, um den Neri in allem zu widerstreben und auch durch ihre Verbindungen und auswärtigen Bundesgenossenschaften gezogen, sich mehr und mehr zu dem Wesen und Bekenntnis des alten Ghibellinentums hinwandten. Von allen Florentiner Parteiungen ist diese die berühmteste geworden, um eines Mannes willen, dessen Lebensglück sie vernichtet hat: das ist Dante (Abb. 4). Als 1300/1301 die Weißen unterlagen, befand er, den das Kraftwesen

und die all-erfassende Art seiner Natur zeitlebens auch zum eifrigsten Politiker gemacht haben, sich unter den besiegten Regierungsmitgliedern, nämlich als Vorsteher der Ärzte- und Apothekerzunft. Freilich eine nur zu politischem Zwecke ergriffene Zunftzugehörigkeit des adelentstammten Gelehrten. Als Dichter der von zarten und wundervollen Sonetten und Kanzonen der Liebe durchflochtenen Vita nuova und der zarten visionären Wanderung durch Hölle, Fegefeuer und Paradies oder, anders gesagt, durch das Weltgericht über alles Vergangene und die Gegenwart der eigenen Zeit, durch alle Höhen und Tiefen von Menschenseele und Menschengeschick ist Dante in aller Munde: aber daran mag in unserem Zusammenhange noch wieder erinnert werden, wie er es gewesen ist, der den in hohen Kaiserträumen über die Alpen ziehenden Heinrich VII. als den Retter Italiens von der Parteiung begrüßt, in gewaltigen Briefen politische Programme in die Welt hinausgeschleudert und in seinem Traktat von der „Monarchia" nach langer staatsrechtlicher Verwirrung die umfassend begründete Klarlegung von der Unabhängigkeit, Erstgeburt und Superiorität des Kaisertums gegenüber der Papstekurie und von seinen unmittelbaren göttlichen Rechte formuliert hat. Er hat die Stadt, die er über alles geliebt und die ihn vertrieben hat, nie wiedergesehen, und sie hat ihn noch nachträglich, als er im Elend des Exils von Stätte zu Stätte wanderte, ein unsteter mittelloser Mann, dem daheim in Florenz die Pest von 1309 die notgedrungen zurückgelassenen Seinen, Weib und Söhne, geraubt hatte, sie hat ihn als den Herold des landfremden Kaisers noch einmal mit besonderer Achtung „auf ewig" verfolgt. Nach seinem Tode aber hat Florenz nicht aufgehört, den aus allem menschlichen Zwiespalt Entrückten als den größten seiner Söhne zu feiern, und wir werden davon zu erzählen haben, wie gerade die Medici an diesem Gedenken Dantes in schönerer und intimerer als nur öffentlich-ehrenvoller Weise teilgenommen haben.

Schwarze und Weiße treten zurück und neue Gegner, neue Namen auf den Kampfplatz. Selbst fremde Fürsten aus den Häusern der Anjou oder Valois zu Stadtherren herbeizurufen, ist inzwischen ein Notmittel der Parteien geworden. So gesellen sich denn die Krisen, die durch deren oder ihrer Statthalter Anwesenheit und durch das alsbaldige allgemeine Verlangen, sie wieder zu verjagen, entstehen, den sonst gewohnten hinzu. Es ist kaum ein bunteres und stürmischeres republikanisches Gewirre denkbar, als dasjenige, woraus schließlich die städtische Hegemonie der Medici hervorgegangen.

Schon im frühen XIV. Jahrhundert hat Florenz die Zahl von 100 000 Einwohnern nahezu erreicht (1554 : 116 000, jetzt rund 190 000). Wie winzig müssen dagegen die damaligen deutschen Städte erscheinen, die mit ein paar tausend Bewohnern schon zu den bedeutenden gehören! Und wenn das Wesen einer Großstadt — auch heute! — viel weniger in der absoluten Einwohnerzahl als vielmehr in der Vielseitigkeit der in ihr entwickelten Thätigkeiten und befriedigten

Abb. 12. Loggia dei Lanzi.
Nach einer Photographie von Gebr. Alinari, Florenz

Abb. 13. Wappen der Medici. (Aus der Badia von Fiesole.)

Ansprüche liegt, so mag Florenz vielleicht die erste damalige Weltstadt heißen.

Lamartine hat bekanntlich einmal den Ausspruch gethan: I.' Italie c'est la terre des morts. So bitter jenseits der Alpen dieses Wort von der großen Vergangenheit und toten Gegenwart empfunden worden ist, so will es sich in einer besonderen Weise gerade hinsichtlich der Städteentwicklung wieder aufdrängen. In den heutigen deutschen Städten schließen sich in der Regel um einen gedrungenen mittelalterlichen Kern herum außerhalb der alten, viel zu eng gewordenen niedergerissenen Mauern die breiten, vorläufig geschichtslosen und meist auch reizlos korrekten Quartiere der Neuzeit. So mag auch der Reisende in größeren italienischen Städten, wenn er entfernter von den Mittelpunkten und näher der Peripherie der Stadt herumwandert, unwillkürlich, solange ihm nichts auf seinem Wege aufstößt, die deutsche Gewöhnung übertragen und vermeinen, auch hier in den Gegenden jüngerer Stadterweiterung zu sein. Dann steht er jedoch wieder plötzlich vor Bauten und Denkmälern längst entschwundener Tage, die schon damals innerhalb der Mauern lagen und nun eindringlich bezeugen, daß diese italischen Städte schon vor sechs und fünf Jahrhunderten denselben raschen Aufschwung, wie die unseren im neuen Deutschen Reiche jetzt,

erlebt haben, und daß ein solcher allerdings seitdem für sie nicht wiedergekehrt ist.

In den Jahren von 1289 bis 1327 hat Florenz jene große Befestigung erhalten, welche der eingetretenen Zunahme der Stadt gerecht wurde und bis an die Schwelle der Gegenwart heran weit und bequem genug geblieben ist (Abb. 5 und 6). Die heute lebenden Alten haben noch denselben Stadtumfang und Mauerkreis vollständig erhalten gesehen, wie Dante oder die Medici; gegenwärtig stehen aber diese Befestigungen nur auf dem linken Ufer noch, ziehen sich dort, vom Arno ausgehend, mit Türmen, Thoren und Kastellen die Berge hinauf und enden herabsteigend wieder am Flusse. Die Mauer des nördlichen Stadtteils ist durch eine moderne Ringstraße ersetzt worden, die allerdings niemandem die Einbildung, sich noch innerhalb einer Stadt zu befinden, zu erwecken vermag.

Gleichzeitig mit jener Neubefestigung begann die Stadt sich mit geschmackvollen Bauten zu zieren und erfolgte jene toskanisch-gotische Stilisierung, die viele der Plätze und Straßenbilder noch heute beherrscht. Der Signorienpalast entstand, bei allem kastellartigen Trotze seines würfelförmigen Baues, seines Wehrganges droben hinter den ausladenden Zinnen, seines in alle nahen Straßen hoch hineinspähenden Wachtturmes dennoch ein höchst anmutiger

Abb. 14. Niccolò da Uzzano. Bemalte Thonbüste von Donatello im Bargello.

Bau (Abb. 7 und 8). Das Burgmäßige all dieser Gebäude, öffentlicher wie privater, entspricht keineswegs bloß herkömmlicher Stilüberlieferung, sondern immer noch einer höchst realen und bei den unablässigen Bürgerfehden selbstverständlichen Zweckmäßigkeit. Für die rauhe und wenig aufgehellte schildmauermäßige Geschlossenheit der Fassaden möchten die liebevolle Ausstattung der inneren Höfe und die hellen offenen Loggien (Abb. 9) entschädigen, die in den Privathäusern die eigentlichen Versammlungshallen und Festräume waren und erst in jüngerer Zeit infolge der Veränderungen in Technik und Lebensgewohnheit fast überall zugemauert und in geschlossene Räume verwandelt worden sind. Noch übertroffen in der reizvollen Gestaltung seines Hofes (Abb. 8) wird das Regierungsgebäude von dem wenig älteren

Palast des Podestà oder des Bargello (Abb. 10), nach dem er gewöhnlich genannt zu werden pflegt. Ferner entstanden seit 1294 der außen in beliebter toskanischer Art mit bunten Marmorplatten verkleidete Dom und vier Jahrzehnte später der dazu gehörige Wunderbau Giottos, der frei und kühn wie ein vierseitiger Stab aufragende, auch in allem Einzelwerk herrliche Campanile oder Glockenturm (Abb. 11). Dazu gesellen sich bedeutende und berühmte Kirchen, wie Santa Maria Novella im Westen, Santa Croce im Osten, jenseits des Arno San Spirito, und inmitten der Altstadt an der Stelle älterer gleicher Bauten der schwere, truhenartige und doch durch die diskrete Architektur und den plastischen Schmuck seiner geraden Mauerflächen so äußerst wirksame Bau von Or San Michele, Kirche und Kornhaus

Abb. 15. Giovanni dei Medici. Gemälde von Bronzino (1502–1572) in den Uffizien zu Florenz.
(Nach einer Photographie von Gebr. Alinari, Florenz.)

zugleich in seinen Stockwerken übereinander. Um 1400 aber beginnt der Geist der Renaissance durch die Straßen und Bauten von Florenz, wo er bald in den großen Bürgerpalästen zu so edler Formensprache gelangen sollte, zu wehen, und eine seiner frühesten Bezeugungen ist die Loggia auf der Piazza della Signoria (Abb. 12) beim Regierungspalaste: in den Einzelheiten betrachtet, noch späte italische Gotik, aber durch die weite wohlthuende Herrlichkeit ihrer luftighohen Gewölbe das Zeichen der neuen freieren Zeit. Sie ist entstanden aus einem Selbstgefühl der Bürger: wie jedes Einzelhaus, so auch als Ganzes, als Bürgerschaft ihre Loggia haben zu wollen, nicht mehr in der Sonnenglut des Platzes Geschäfte besprechen, die Lage der Stadt beraten zu müssen. Jene Loggia ist auch heutigen Tages noch ebenso die schattige Zuflucht für jedermann, und zweimal wöchentlich handeln und krämern darin die Landleute der Umgegend mit den städtischen Geschäftemachern. Wie ja überhaupt ein wesentliches Unterscheidungsmerkmal von Nord und Süd auch darin liegt, daß bei uns die öffentlichen Gebäude nur unter Befolgung einer nicht geringen Anzahl von „Verboten" angeschaut werden dürfen, während in Italien es sich in ihnen, die Kirchen am wenigsten ausgeschlossen, ein jeder und gerade der just unbeschäftigte Anmüßler bequem macht, ruhend, liegend, schlafend, toilettemachend, essend, zeitunglesend, Verlosungslisten studierend, wodurch sie ganz gewiß nicht schöner und zauberer werden, aber dafür den kalten und fremden offiziellen Anstrich verlieren, sich mit dem Leben und der Art der Bevölkerung selber in Einklang setzen und doch auch mit ihrem ästhetischen Werte dem Volke sich ins Verständnis prägen.

Noch manche Neuerung hat das städtische Selbstgefühl schon seit dem XIII. Jahrhundert eingeführt. So begann man damit, die früher mittels schmaler, auf die hohe Kante gestellter Backsteine gepflasterten Straßen statt dessen mit Steinplatten zu belegen. Auf seinem „Lastrico", dem steinernen Straßenparkett, wandelte der Florentiner bereits, als die Straßen des päpstlichen Rom überhaupt nur erst an den Seiten für die Fußgänger ein schmales Ziegelpflaster aufzuweisen hatten.

Das ist das Florenz des XIV. Jahrhunderts. Zur Ruhe in den städtischen Verhältnissen kam es natürlich auch fernerhin nicht. Alle Bewegungen, die von unten heraufquellend Macht erstreben, hinterlassen die Lehre, daß sie im Siege die erträumte oder vorgegebene ideale demokratische Gleichheit nicht verwirklichen, vielmehr nur veränderte herrschende Gruppen, neue Kreise von Emporkömmlingsaristokratien schaffen. So blieb denn nach jeder neuen Phase der inneren florentinischen Geschichte ein in seinen versprochenen Rechten verkürztes eigentliches Volk übrig, und in der Begünstigung von dessen Bemühungen um Regierungsanteil und Gerechtsame sind die Medici emporgekommen und zuletzt zu eigener persönlichster Macht gelangt.

Die Medici sind aus dem Bürgerstande, nicht aus dem Patrizieradel hervorgegangen. Sie erweisen sich indessen schon in den Jahrhunderten vor Cosimo und Lorenzo Magnifico als eine weitverzweigte und im ganzen ansehnliche Familie, von welcher Mitglieder aus verschiedenen Linien zu größeren öffentlichen Ämtern gelangten. Auch die dem Ursprung nach deutschen Personennamen innerhalb der Familie, von denen vorhin nebenbei die Rede war, gehören diesen Frühzeiten der mediceischen Geschichte an. Die ältesten Ahnen, welche sich mit Sicherheit ausfindig machen lassen, hat nachspürende Forschung im XII. Jahrhundert in amtlichen städtischen Schriftstücken angetroffen. Wir lassen jedoch diese leeren Namen beiseite und heben nur Guccio hervor, der

Abb. 16. Die Kirche der Medici, San Lorenzo in Florenz, erbaut 1425—1461.
(Nach einer Photographie von Giacomo Brogi, Florenz.)

Abb. 17. Bildnis Filippo Brunelleschis. Aus der Brancaccikapelle, von Filippino Lippi.
(Nach einer Photographie von Gebr. Alinari, Florenz.)

1299 Gonfaloniere war, weil von ihm der heutige Reisende in Florenz beim Besuchen des Palazzo Medici vernimmt. Dort steht nämlich in der nordwestlichen Ecke des Hofes ein antiker Sarkophag mit dem Relief der kaledonischen Jagd. Nach allgemein herkömmlicher Gewohnheit, die reichen Überreste der Antike in jeder Weise nutzbar zu machen, hat man in diesen Sarkophag die Leiche Guccios bestattet und damals nur den neueren Deckel hinzugefügt, auf dem das Wappen der Tuchschererzunft, der er angehört hatte, und das der mediceischen Familie zu sehen sind. In dieser Zusammenstellung ward das Ganze an der Außenseite des Baptiste-

riums, der alten Kirche Johannes des Täufers, eingemauert und ist von da aus später in den Medicipalast übertragen worden.

Das Wappen der Medici (Abb. 13) wird gebildet von sechs Kugeln im Schilde, von roter Farbe in goldenem Felde. Als das Haus mächtig und berühmt geworden war, sind seine Herkunft und sein Wappen natürlich viel erörtert worden; schmeichelsüchtige Genealogen haben das Geschlecht bis in die Gärten der Hesperiden zurückverfolgt und deren Äpfel in den Kugeln des Wappenschildes wiedergefunden, während kühlere Deuter bei der Annahme verblieben, diese sechs roten Kugeln seien nichts anderes als

kommen und Nach-folgern in der In-haberschaft des medi-ceïschen Bankhauses ist es der Urenkel, Gio-vanni d'Averardo (1360 bis 1428), der den an-gesammelten Einfluß in anerkannte öffentliche Macht umgewandelt hat, und mit dem die große Geschichte des Hauses anhebt (Abb. 15). Sei-nem ererbten Berufe und der Mitgliedschaft in der Wechslerzunft ist dieses darum doch un-verändert treu geblieben und hat damit ein welt-geschichtliches Unicum

Abb. 18. Filippo Brunelleschi.
Denkmal am Dom zu Florenz. Von Buggiano.
Nach einer Photographie von Gebr. Alinari, Florenz.

Apothekerpillen, woraus ein dunkler Ahn das heraldische Abzeichen ärztlichen Berufes, der ja auch in dem Familiennamen klinge, ge-bildet habe. Genau unterrichtet sind wir dagegen über die drei goldenen Linien in der obersten, in Blau umgewandelten Kugel: sie sind jüngeren Ursprungs, jedoch ohne Beziehung zu der Lilie des Wappens von Florenz; sie sind vielmehr eine Miniatur-darstellung des Bourbonenwappens, welches Ludwig XI. im Jahre 1465 dem Piero dei Medici und seinen Erben als besondere freundschaftliche Auszeichnung in den Schild einfügte.

Im XIV. Jahrhundert beobachtet man die Medici der verschiedenen Linien in steti-ger Zunahme ihres Ansehens inmitten der Familien des popolo grasso, zu denen sie gehören, und zugleich ihres leitenden Ein-flusses bei dem unteren Volke, dem popolo minuto. Den Grund zu dem Vermögen und der Bedeutung der Hauptlinie wenn wir diejenigen Cosimos und Lorenzos und der späteren Großherzöge so bezeichnen, hat in der ersten Hälfte des genannten Jahrhunderts Averardo gelegt, der also ein jüngerer Zeit-genosse Dantes war. Von seinen Nach-

Abb. 19. Aus S. Lorenzo.
Bronzethür der alten Sakristei von Donatello.
(Nach einer Photographie von Giacomo Brogi, Florenz.)

geschaffen, wie es weder vorher noch nachher
dagewesen und mit dem gleichen Profil und
Sinn wohl auch von keiner Zukunft zu erwarten ist.

Als Cosimo und nach ihm Lorenzo
Magnifico die unbeschränkten Herren über
Stadt und Staatswesen der Florentiner geworden waren, als eine wahrhaft fürstliche
und geistig vornehme Hofhaltung sie umgab,
die Gekrönten Europas sie als gleichberech-

Vor allem durften sie in Brügge nicht
fehlen, der wichtigsten Handelsstadt des Kon-
tinents und dem Mittelpunkte des ganzen
nördlicheren Welthandels, wohin die Genu-
esen und Venezianer durch die Säulen des
Hercules auf eigens für den Ocean gebauten
seetüchtigeren Schiffen fuhren und die Erzeugnisse der Levante nebst den südlichen Früchten
Italiens brachten, wohin die Hansen von
Köln bis Riga kamen, um mit Vlamen und

Abb. 20. Aus San Lorenzo.
Nach einer Photographie von Gebr. Alinari, Florenz.

tigte Genossen anerkannten, Könige bei ihnen
Einkehr hielten und der Herrscher Frank-
reichs von seinem günstigen lieben Vetter
in Florenz sprach, da hätten sie einem para-
graphengetreuen Staatsrechtler oder Ceremo-
nienmeister die peinvollste Verlegenheit bereiten müssen, denn sie waren, ohne Vorein-
genommenheit betrachtet, gar nichts anderes
als Bürger und unbetitelte Inhaber eines
Bankhauses zu Florenz.

Freilich eines Welthauses. Denn schon
zu den Zeiten Giovannis besaßen sie ständige
Filialen an allen großen Verkehrsplätzen.

Italienern in Austausch zu treten, wo die
„Kaufleute aus siebzehn Königreichen", nach
beliebter stolzer Aufzählung, zusammentrafen,
und wo fremdartige Händlertypen aus Gegenden gesehen wurden, von welchen mancher
gar nicht geglaubt hatte, daß es sie wirklich
gäbe. Dort in Brügge mußten die Florentiner um so eher vertreten sein, als auch
Flandern ein Hauptland der Tucherzeugung
war und die vlämische Hauptstadt sich überdies zum Stapelplatze des englischen Woll-
handels gemacht hatte. Doch auch inmitten
des Wolllandes selber, in London, gab es

Abb. 21. Aus den Kanzelreliefs Donatellos in San Lorenzo.
(Nach einer Photographie von Giacomo Brogi, Florenz.)

eine mediceische Filiale; ferner unter anderen in Avignon beim päpstlichen Hofe und in Venedig, welches seit den Niederlagen Genuas die letzte, die endgültige Siegerin in dem blutigen Ringen der italienischen Seestädte um die Handelsübermacht in der Levante und im Mittelmeere geworden war.

So war denn Giovanni auch schon der zweitreichste Mann in Florenz geworden, in einigem Abstand nach Palla Strozzi, und da vielleicht ein günstiger Leser, wenn nicht gar eine Leserin genauer wissen möchte, wie viel dazu nötig war, so fügen wir hinzu, daß das steuerpflichtige Vermögen in den früheren Jahren Giovannis dei Medici mit Einschluß des in den answärtigen Bankfilialen steckenden 79 400 florentiner Goldgulden betrug. Der Geldwert war, wie bekannt, sehr viel höher als heute.

Die politische Stellung und Bedeutung der Medici bestand seit Giovanni vorerst darin, daß sie die anerkannten Führer der demokratischen Gegenströmung gegen die herrschende Partei geworden waren. Die Regierung wurde seit Jahrzehnten besetzt und gehandhabt von einem engeren Kreise popolaner Familien, unter denen die Albizzi das augenfälligste äußere Ansehen in Anspruch nahmen, während in Wirklichkeit die bedeutendsten Mitglieder dieses Kreises der schon genannte Palla Strozzi und der feine und besonnene Niccolò da Uzzano waren. Des letzteren eigenartig interessanten Kopf hat die Hand Donatellos in einer bemalten Thonbüste von überzeugender Lebenswahrheit und mit dem ganzen kraftvollen, inhaltbeseelten Naturalismus dieses großen Meisters an die Nachwelt überliefert, die sie im Nationalmuseum zu Florenz, im Bargello, bewundert (Abb. 14). Schon hatte früher einmal, stürmischer als Giovanni, ein anderer, weitläufig verwandter Medici, Salvestro, Alamannos Sohn, gegen jene Optimaten die Fahne des Volks erhoben und nach einem wilden Straßentumulte, jedoch nur auf kurze Zeit (1378—1380), die Oberhand gegen sie erfochten. So blutig und kraß die Erinnerungen an den „tumulto dei ciompi", der „Wollkämmer" oder „Lumpen" — ciompo bedeutet zweideutig beides — waren, und obschon das Unternehmen schließlich nur zur vermehrten Herrschaft der Albizzipartei geführt hatte, so waren doch die unbeteiligten Verwandten davon nicht ungünstig berührt, und es war durch jene Episode gewissermaßen bestätigt worden, daß das Eintreten für das untere Volk und seine Ansprüche mit dem Namen Medici verknüpft sei.

Wer heute aufmerksamen Auges in den alten Stadtteilen von Florenz durch die engen Gassen wandert, die parallel mit dem Arno in dessen nächster Nähe sich entlang ziehen, der bemerkt dort an und in den schmalen, hohen, dumpfen Häusern lauter unmittelbare Überreste jener alten Kampfeszeit und vermag sich deutlich das Aussehen der damaligen Straßen wiederherzustellen. Er sieht in diesen später herabgekommenen Quartieren noch die Familienwappen der einstigen Inhaber und erkennt unter dem neueren Wandverputz die mächtigen Qua-

dern und Blöcke der viereckigen Türme, die der Kern dieser Häuser sind und in der Höhe teilweise noch darüber hinausragen. Das sind die Festungs- und Warttürme aus jenen Zeiten, da jedes Bürgerhaus eine regelrechte Burg mit fester Außenmauer und aufragendem Donjon war, da Bürger gegen Bürger in Waffen stand, und von Straße zu Straße, über Sperrketten und Barren hinweg, von Haus zu Haus und von Turm zu Turm in nur allzu häufiger Wiederkehr der Bürgerkrieg tobte. Die Medici waren besonders in den Gegenden um den alten Markt herum mit Häusern und Anhängern vertreten, während die festen Wohnbauten der Albizzi und ihrer Freunde sich zumal in jener Straße aneinander reihten, die die via del corso, die alte mittlere Längsstraße des einstigen römischen Kastells Florentia, nach Osten verlängert und noch immer der Borgo d'Albizzi heißt.

Mit den vorhergehenden Zeiten verglichen, kann die Periode Giovannis bei Medici als eine Waffenstillstandsfrist in den bürgerlichen Streitigkeiten bezeichnet werden. Er war ein ruhiger, sehr zurückhaltender Mann, und von der anderen Seite war das in gleicher Weise Uzzano. Dieser mußte obendrein deshalb Bedacht nehmen, keine Kampflust aufkommen zu lassen, weil das innerhalb der eigenen Partei eine Macht-

Abb. 22. Grabmal der Eltern Cosimos dei Medici von Donatello. In San Lorenzo zu Florenz. Nach einer Photographie von Giacomo Brogi, Florenz.

Abb. 23. Cosimo dei Medici. Aus Benozzo Gozzolis Fresken im Palazzo Medici.
(Nach einer Photographie von Gebr. Alinari, Florenz.)

Abb. 14. Vorder- und Rückseite einer Denkmünze mit dem Bildnis von Cosimo.
Im Königl. Münzkabinett zu Berlin.

verschiebung zu Gunsten des Heißporns
Rinaldo degli Albizzi bedeutet hätte. Giovannis politische Weisheit ist von ihm selber
umschrieben in den Worten, die er seinen
Söhnen Cosimo und Lorenzo hinterlassen
hat: „Thut nichts gegen die deutliche Strö-
mung im Volke, stellt seinem Unverstande
nicht besseres Wissen, sondern begütigende
Rede entgegen. Laßt euch nicht in geschäf-
tiger Betriebsamkeit im Regierungspalast er-
blicken, sondern wartet ab, bis
man euch dorthin begehrt. Lenkt
die öffentliche Aufmerksamkeit
nicht auf euch und bewahrt euch
frei von Makel, wie ich euch
lasse. Greift nicht in Rechts-
streitigkeiten ein, denn wer Gerechtigkeit behindert, der kommt
durch Gerechtigkeit um. Wirket
dahin, daß Volk in Frieden, die
Stadt wohl versorgt zu erhalten. Sorget für meine Frau,
eure Mutter, und lasset ihr den
Platz, den sie bis jetzt ein-
genommen hat.“

Abb. 15. Kamee mit dem
Bildnis des Cosimo dei
Medici. In den Uffizien
zu Florenz.

Das war am 20. Februar
1429, daß der sterbende Giovanni d'Averardo dei Medici also sprach. Sein Tod
bedeutete für die Öffentlichkeit den Verlust
eines nicht nur zuverlässigen, sondern auch
kluggeschickten Freundes des Friedens und
eines Mannes, der in vorbildlichem Maße
die Bürgertugend der Redlichkeit besaß, die
sonst nur allzu häufig den Verlockungen der
republikanischen Gelegenheiten und Machtwechsel erliegt. Es war Uzzano, der an
diesem offenen Sarge dem toten Gegner

nicht versagen wollte, was ihm gebührte,
und dem Thränen in den Augen standen,
als er zu den trauernden Söhnen trat und
ihnen ehrende, wohlthuende Worte über den
geschiedenen Vater sagte. Im Leichenzuge
sah man außer den Behörden der Stadt
und anderen Abordnungen auch die Vertreter der Regierung von Venedig und selbst
des Kaisers Sigismund.

Mit Giovanni d'Averardo haben die
toten Medici ihren Einzug genommen in San Lorenzo (Abb.
16). Das ist die Kirche, die
seit dem nun Verstorbenen die
am meisten von der Familie bevorzugte und am reichsten bedachte geblieben ist. Alle diese
Städte sind ja dadurch zu so
reichem und herrlichem Schmucke
gelangt, daß ihre Bürger noch
nicht gewöhnt waren, mit den
Wünschen, die sie für den Nutzen
und die Schönheit des Gemein-
wesens hatten, auf die Ent-
schließungen der Obrigkeit zu
harren. Im Jahre 1423 war
die alte, noch von dem großen Kirchenvater
Ambrosius selber 393 geweihte Kirche des
heiligen Märtyrers Laurentius in Feuer
untergegangen, und sofort fanden sich sechs
Bürgerfamilien, die bereit waren, den Wieder-
aufbau zusammen mit Giovanni dei Medici
auf sich zu nehmen. Dieser gewann den
berühmten Architekten Filippo Brunelleschi
(Abb. 17 und 18), den großen Bahnbrecher
der Renaissance, den Wiedererwecker edler
Einfachheit in Stil und reinen Formen der

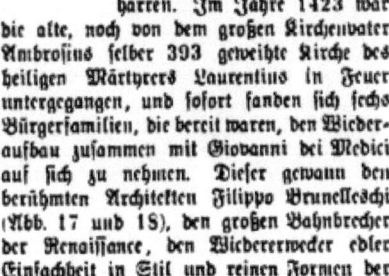

Baukunst, den Begründer der theoretischen Lehre von der Perspektive, oder anders gesagt, den neuen Dombaumeister von Florenz, was Filippo geworden war, nachdem er 1418 bis 1420 die Möglichkeit desjenigen Kuppelbaues am Dome, wie solcher dann zur Ausführung gelangt ist, vor den staunenden Größen der bisherigen Technik erwiesen hatte. Den Bemühungen Giovannis und den Plänen Brunelleschis dankt daher San Lorenzo die stille Großartigkeit seiner Verhältnisse, die diese Kirche zu einer der erhebendsten und vollendetsten von Florenz macht, wenn ihr das der Fremdling, der über den Platz daherkommt, auch nicht von außen ansieht, da die Fassade noch heute der beabsichtigten Marmorverkleidung ermangelt und in der unbedeckten Blöße des Ziegelrohbaues dasteht (Abb. 16 und 20). Auf alleinige Kosten, ebenfalls durch Brunelleschi, hat Giovanni die („alte") Sakristei an San Lorenzo anbauen lassen. In der Mitte dieses achtseitigen Baues steht auf den Marmorfliesen, unter einer mächtigen tischartigen Steinplatte, der Sarkophag, den Donatello geschaffen und den die Söhne Giovannis, Cosimo und Lorenzo, ehrfurchtsvoll dem Andenken des Vaters und der nach ihm verstorbenen Mutter, Picarda Bueri, gewidmet haben (Abb. 22).

So ist nun also Cosimo an die Spitze des Hauses getreten, und damit beginnt derjenige glanzvolle Abschnitt der allgemeinen Geistes- und Menschheitsgeschichte, an den man denkt, wenn der Name Medici erwähnt wird: die Florentiner Renaissance in der vollsten Zusammenfassung ihrer Kräfte und Richtungen, in der schönsten Ausgestaltung all des in ihr enthaltenen Reichtums.

Cosimo war bei Lebzeiten des Vaters fast ein Vierzigjähriger geworden, ein längst in vielem bewährter Mann (Abb. 23—26). So hatte er auch persönlich das Konstanzer Konzil mitgemacht, die

Abb. 27. Grabmal Johanns XXIII. im Baptiſterium von Florenz. (Donatello.)

gewaltige von Prälaten und Fürſten, Herren und Geſchäftsträgern, Theologen und Juriſten, Kaufleuten und Schauluſtigen beſuchte Verſammlung aus aller Chriſtenheit, die unter Kaiſer Sigismund fünf Jahre lang (1414—1418) in der Reichsſtadt am ſchönen Bodenſee heimiſch war, und die nebenbei Huß verbrannte. Damals hatte ſich die Kirche unter drei Päpſte geſpalten, einen zu Avignon und zwei wider einander in Italien ſtreitende. Der Ehrgeiz des Cardinals Baldaſſare Coſſa hatte nicht geraſtet, bis auch er Papſt hieß, und zu dieſem Zweck hatte das hergebrachte Schisma des Papſttums aus einem doppelten zu einem dreifachen erweitert werden müſſen. Mit Coſſa, der ſich nun Johann XXIII. nannte, und, von Neapel her bedrängt, auf den Schutz des Kaiſers angewieſen war, hatte Sigismund das gewünſchte Konzil verabredet, das die großen, lang anſtändigen äußeren und inneren Streitfragen der Chriſtenheit löſen, oder wie der Coſſa hoffte, ihn ſelbſt beſtätigen ſollte. Freilich ſank ſeine Zuverſicht ſchon, als der Kaiſer die Verſammlung nach Konſtanz rief; er hätte ſich auf heimiſchem

Abb. 28 und 29. Handſchrift der Conteſſina dei Medici, Gemahlin Coſimos.

Abb. 30. Koſtümbild des XV. Jahrhunderts.
Von einem Grabmal in Lucca.
(Nach einer Photographie von Gebr. Alinari, Florenz.)

den Jahrhunderten des ausgehenden Mittelalters führte
der große Perſonen- und
Warenverkehr zwiſchen Italien und dem ganzen weſt-
deutſchen und benachbarten
Gebiete über die Bündner-
päſſe, vom Comer- zum Bo-
denſee, und Konſtanz war
ſein bedeutendſter Stapel-
platz. Als nun Johann XXIII.
ſorgenvoll und mehr durch
ſeine Lage gedrängt, als um
ſeiner Zuſage willen, über
die Alpen ging, da war
unter denen, die er für ſein
Gefolge gewählt hatte, Coſimo bei Medici als Ver-
treter des weltumſpannenden
und mit päpſtlichen Finanzangelegenheiten wohl ver-
trauten Bankgeſchäfts. —

italiſchen Boden ſicherer gefühlt, wo er
Anhang und manche äußerſte Zuflucht bereit
wußte. Übrigens war, wenn auch eine
deutſche, ſo doch die den Italienern am be-
quemſten gelegene Stadt gewählt, denn in

In Konſtanz hat ſich ja Johanns Geſchick ſo, wie er hätte ahnen können, erfüllt.
Als das Konzil, ſtatt ihm ſelber die Nach-
folge Petri zu übertragen, auf dem Verzicht

Abb. 31. Kapelle im Bargello Geſtühl des XV. Jahrhunderts

Abb. 32. Hochzeitstruhe aus dem Palazzo Strozzi mit dem Wappen der Strozzi und Medici
Im Königl. Kunstgewerbemuseum zu Berlin.

aller drei Päpste beharrte, da entfloh er nach Schaffhausen, sprach eine (natürlich nutzlos verhallende) Auflösung der Versammlung aus und stellte sich unter den doch so schwachen Schutz des Herzogs Friedrich von Tirol und Vorderösterreich, der allerdings, weil zu jenen Zeiten die habsburgischen Altlande durch Schwaben und die heutige Schweiz hindurch sich bis ins obere Elsaß streckten, der hauptsächlichste Territorialherr in diesen Gegenden, aber auch der spottbekannte Friedel mit der leeren Tasche war. Ihm hat das Abenteuer mit der Begünstigung des abgesetzten Papstes und der Auflehnung gegen den feindseligen, dem luxemburgischen Rivalenhause entstammenden Kaiser angesichts dessen momentaner Macht noch teuer zu stehen kommen sollen. Die in Konstanz angeordnete Gefangennahme des gewesenen

Abb. 33. Reliquienmonstranz mit dem Wappen der Medici. Im Königl. Kunstgewerbemuseum zu Berlin.

Papstes führte pünktlichst Zollern aus, der neue Kurfürst, den der Kaiser zu Konstanz mit der Mark Brandenburg belehnt hatte; dann gab man den Abgesetzten in die Obhut des Pfalzgrafen und Kurfürsten bei Rheine, der ihn auf seinem Heidelberger Schlosse hielt, an dessen epheuumrankte Mauern sich auch sonst noch manches Gedenken knüpft von allzu hastigem Greifen nach äußerem Glanz und Glück und wieder allzu schnell verklungener Herrlichkeit.

Für Cosimo brachten der Sturz und das Tun Johanns XXIII. Tage, die nicht ohne Gefahr und Abenteuer waren; der kluge und seines baren Wertes sich wohlbewußte Florentiner hielt es für das bessere Teil, auch seinerseits die Stadtmauer von Konstanz hinter sich zu bringen, was mit Hilfe einer Verkleidung ohne Weiterzingen

Abb. 24. Denkmal Giottos von Benedetto da Majano
im Dom zu Florenz. Errichtet 1490 auf Anregung Lorenzos bei Medici.
(Nach einer Photographie von Giacomo Brogi, Florenz.)

stattgefunden hatte. In der Mischung seines Wesens aus Energie und Strupellosigkeit mag auch dieser Johann XXIII. als ein rechter Renaissancemensch, ein Vorläufer eines Sixtus IV. oder der Borgia, erscheinen. Freilich jetzt war seine Elasticität für immer dahin, und schon 1420 sind die Tage des Tiefgedemütigten zu Ende gegangen. Die Medici haben die finanzielle Seite seiner Befreiung aus der Haft geregelt, sie sind ihm im letzten Lebensjahre persönlich treue Freunde gewesen, und schließlich haben sie ihm auch ein Grab und schönes, ruhiges Denkmal im Baptisterium durch Donatello errichten lassen (Abb. 27). — Inzwischen hatte Cosimo längst ein Heimwesen begründet. Seine Heirat verschwägerte die reich und bedeutend gewordenen bürgerlichen Medici mit dem

gelang. So bewahrte er sich auf alle Fälle und hat bei dieser Gelegenheit, da er doch einmal nördlich der Alpen war, noch einiges von Deutschland und Frankreich gesehen. Leider ohne daß davon genauere Angaben und Eindrücke übriggeblieben wären, was nicht bloß um des Interesses an seiner Person willen sehr großen Quellenwert für uns haben würde.

Indessen noch 1417 war er wieder in Florenz, und dorthin zog sich zwei Jahre später auch Baldassare Cossa zurück, nachdem er freigekommen war und eine äußere Versöhnung mit den Beschlüssen und dem erwählten Papste des Konzils, Martin V.,

Abb. 25. Klosterhof von San Lorenzo zu Florenz.
(Nach einer Photographie von Giacomo Brogi, Florenz.)

vornehmen Adelsgeschlechte der bei Bardi, das in seinen Ahnen hoch hinaufreichte; Cosimos Gattin (Abb. 28 und 29) trug ihren Namen Contessina zur Erinnerung an die „Gräfin," an Mathilde von Tuscien, deren Andenken in den Florentiner Familien über die Jahrhunderte hinweg noch gern gepflegt ward. Politisch hatten die Medici und die zu den „Grandi" gerechneten bei Bardi keine nähere Gemeinschaft, wie überhaupt weder in dieser noch der nachfolgenden Zeit die mediceischen Verschwägerungen

Rinalbo begli Albizzi, das Haupt dieser Familie, empfand persönlich den Tod Giovannis als die Hinwegnahme einer hemmenden Kraft, und seine stete, nun aber ganz entzügelte Kriegslust wandte sich zunächst gegen Lucca. Diese schön unter ihren Bergen gelegene Stadt gewährt mit vielen festen Türmen und mit ihren zum Teil nur allzu prächtig gewollten Kirchen ein anziehendes altertümliches Bild, reich an Erinnerungen sowohl an die altverklungene langobardische Königszeit wie an die späteren

Abb. 36. Kapelle der bei Bazzi, erbaut von Brunelleschi.
(Nach einer Photographie von Giacomo Brogi, Florenz.)

als Symptome bestehenden oder als Anknüpfungen beabsichtigten politischen Zusammengehens aufgefaßt werden dürfen.

Was bei Giovannis Leichenfeier in der ganzen Stadt unbestimmt vorausempfunden worden war: unter der neuen Generation kam der so lange hinausgefristete Entscheidungskampf der städtischen Parteien und ihrer Häupter zum gewaltsamen Austrag. Für die raschen Stimmungs- und Machtwechsel und die scheinbaren Inkonsequenzen in dergleichen städtischen Kämpfen ist die Geschichte dieser nun rasch verlaufenden Krisis ungemein bezeichnend.

Tage eines tapferen und ansehnlichen Bürgertums. In Luccas Straßen erfreut sich ferner das sonst in den Städten des modernen Italien nur zu sehr darbende Auge an dem Anblick zahlreicher Mädchen und Frauen, die edlen Ganges, schön von Angesicht und Gestalt, geschmackvoll und malerisch in ihrer doch nur leicht individualisierten Tracht noch heute mit den lieblichen Toskanerinnen wetteifern dürfen, die auf den Werken der glücklichen alten Meister versammelt sind. Nicht immer hat die Stadt sich selbständig durchzubringen vermocht, vielmehr öfter benachbarten Gewalt-

Abb. 37. Palazzo dei Pazzi. (Von Brunelleschi.)

herren gehorchen müssen. Aber seitdem sie
1369 ihre Freiheit wiedererlangt, hat sie
diese bis 1799 nicht verloren und, wenn
auch nicht ohne Verbündete, alle Kämpfe
gegen das stärkere Florenz überstanden.

Nach Uzzanos Sinne war das Luccheser
Unternehmen seines Parteifreundes von Anfang an nicht, und er widerriet den Zug.
Dafür bekam aber Albizzis Waffeneifer von
anderer, unerwarteter Seite her eine gewisse, von ihm wenigstens so aufgefaßte Er-
munterung: Cosimo verhielt sich neutral,
hieß den Krieg nicht gut, aber leistete auch
keinen Widerstand. Er glaubte, ganz besonders bei diesem ersten wichtigeren An-
lasse die Enthaltsamkeitspolitik seines Vaters üben zu sollen. Und dieses Verhalten
wurde bedeutungsvoll; gerade seine vorsich-
tige Unentschiedenheit ist es, die in eigentümlichen und unmöglich im voraus zu
überschenden Verkettungen zuerst die Niederlage Cosimos und in weiterer Entwicklung
dessen endgültigen Sieg bringen sollte.

Albizzi konnte seinen Krieg eröffnen, und
so begann denn ein Feldzug, der nach einem
mehrjährigen höchst kostspieligen Söldner-
halten und nach beiderseitigem flurverwüsten-
dem Hin- und Hermanövrieren, in der Art
wie damals solche Kriege geführt wurden, im
Jahre 1433 als ein gänzlich ergebnisloses,
also dem Angreifer mißlungenes Werk be-
endigt ward. Im ganzen zweiten und letzten

Drittel des XV. Jahrhunderts haben sich die Florentiner überhaupt nicht mehr sonderlich mit Ruhm in ihren Kriegen bedeckt und könnten somit wohl durch ihr Beispiel einen häufig wiederkehrenden Satz der Geschichtsphilosophen und Systemmacher des XVII. und XVIII. Jahrhunderts zu beweisen scheinen: daß die Waffenzeiten der Völker jeweils nicht mit ihrer vorwiegenden und allgemeinen Neigung für Künste und Wissenschaften zusammenfallen, sondern ihr voraufgehen, und daß die kriegerische Zeit gleichsam als die Mannesblüte, die friedlich-ästhetische Periode dagegen als der Beginn eines auf ausruhenden Genuß bedachten Greisenalters zu betrachten sei.

Wie dem sein mag, als der Schuldträger an dem verunglückten Feldzuge galt in aller Munde und mit Recht Albizzi. Wollte er das verlorene Ansehen wieder einbringen, so bedurfte es einer That, die ihm, wenn nicht Ruhm und Liebe, so wenigstens Respekt und Gehorsam wieder verschaffte. Dazu sollte ihm ein Gewaltstreich gegen die Medici dienen. Uzzano hätte ihm nicht mehr abraten können; er war noch während des seidigen Feldzuges im Jahre 1432 gestorben.

Noch bis kurz nach dem Frieden mit Lucca war ein scheinbar befriedigendes, formell gutes und rücksichtsvolles Verhältnis zwischen den beiden Florentiner Parteiführern aufrecht erhalten worden. Jetzt ganz plötzlich, wie das bei drohenden Anschlägen so geht, enthüllte sich völlig frei das wahre Antlitz der Sachlage; ohne daß jemand hätte sagen können, durch welchen Anlaß und seit wann, standen sich Rinaldo und Cosimo wie offene Feinde, die einander längst abgesagt, gegenüber. Am 7. September 1433 ward der Medici in den Regierungspalast vor die der herrschenden Partei an-

gehörige Signorie berufen. Ohne zu schwanken, folgte er. Als er bei Or San Michele vorüberging, machte man ihn auf wahrscheinliche Gefahr aufmerksam — als ob ihm der Warner etwas Neues hätte sagen können! Im Regierungsgebäude wurde er sofort verhaftet und erfuhr, daß die Anklage auf Landesverrat im Luccheser Kriege lautete. Auf was sie lautete, blieb sich für das Verfahren ja gleich, aber Cosimo schloß aus der Schwere der Anschuldigung, daß man ihn gegen alle Gewohnheit womöglich ans Leben wolle.

Wie Gewitterschwüle lag es über den Straßen von Florenz. Draußen in der Landschaft zogen sich Scharen zusammen, die unter Verwandten und Freunden des Verhafteten für ihn kämpfen wollten. Drinnen in der Stadt verkannte niemand, daß jede Gewaltthat möglich sei, weil alles auf dem Spiele stand. Die Volksversammlung,

Abb. 30. Donatellos heiliger Georg an Or San Michele.
Nach einer Photographie von Gebr. Alinari, Florenz.

Abb. 30. Von Or San Michele: Christus und der ungläubige Thomas.
Werk Verrochios. Nische von Donatello.
(Nach einer Photographie von Gebr. Alinari, Florenz.)

die auf das Forum von Florenz, die Piazza della Signoria, vor den Regierungspalast beschieden ward, um Rechenschaft über Cosimo und das Vorgehen gegen ihn zu empfangen, sah sich von den Bewaffneten der Albizzi umzingelt.

Aber auch der Gefangene versäumte nichts. Er fand Wege, die Überzeugungskraft seiner Geldmittel wirken zu lassen, und als die Balia zusammentrat, die über ihn entscheiden sollte, offenbarten sich bedenkliche Meinungsverschiedenheiten unter ihren Mitgliedern, obgleich diese von der Regierung ausgewählt waren. Ein ganz radikales Vorgehen zeigte sich von vornherein als unmöglich. Der Spruch, auf den es schließlich hinauskam, lautete auf zehnjährige Verbannung Cosimos nach Padua und der

übrigen Familie nach anderen Städten. Am 3. Oktober brachte man den Gefangenen vor die Porta San Gallo, das unter dem Apennin gelegene nördliche Hauptthor der Stadt; von da mochte er ins Exil reiten.

Er war klug genug, auch jetzt alles ganz korrekt zu erfüllen. In Venedig, wohin er wegen seiner freundschaftlichen und geschäftlichen Beziehungen zunächst ging, nahmen ihn sogar die amtlichen Kreise glänzend auf. Nicht wie den Verbannten, sondern wie den Botschafter eines befreundeten Staates, so durfte er es empfinden und selber aussprechen. Prächtige Wohnung, Geld, Versprechungen wurden ihm dargeboten, aber er kehrte nach kurzem Verweilen nach dem angewiesenen Padua um. Von hier aus benutzte er allerdings gern und oft die nachträglich gewährte

Erlaubnis, fich in Venedig aufzuhalten. Immer mehr wuchs die dortige Beliebtheit des feinfinnigen, reichen Mannes, der ja in jeder Beziehung vortrefflich in die kluge, weltmännifche Geldariftokratie hineinpaßte und als ihr eigener vollendetfter Typus erfcheinen konnte. Sonft war auch im XV. Jahrhundert noch die Verbannung ein Schrecken geblieben, wie er kaum furchtbarer fein konnte; getrennt voneinander, von Mitteln entblößt hetzte man die Mitglieder folcher zerftörten Familien von Ort zu Ort, gönnte ihnen keine Raft des Afyls, um fie nicht etwa zu feindfeligen Anknüpfungen gelangen zu laffen, und hielt fie in all ihrem Elend noch in hilflofem Gehorfam mit der unficheren Andeutung einer Nichtverlängerung des Exils über die zunächft angefetzte Dauer von Jahren hinaus. Die Machtmittel eines Cofimo aber hätten fich gar nicht an einem Punkte konfiscieren laffen. So blieb ihm auch in der Fremde das volle Erbe feiner Vorfahren erhalten, und die zuerkannte Strafe diefes eigentümlichen Hochverräters verwandelte fich in einen glanzvollen auswärtigen Aufenthalt.

Es war in jeder Hinficht ein Pyrrhusfieg, den Albizzi erfochten hatte, und am 29. Auguft 1434, als die jährlichen Wahlen in Florenz vorgenommen wurden, follte er es endgültig erfahren. Man verftand fich damals (und fpäter zur Zeit des mediceifchen Regimentes erft recht) mit einer Rückfichtslofigkeit auf Wahlzwang und auf Wahlfälfchung, wie es uns bei näherer Schilderung kaum geglaubt werden würde. Freilich hatten die damaligen Parteien und Parteiregierungen eben nur erft diefe einfachen, etwas unfanften Mittel zur Verfügung, da es Tagespreffe und fonftige holdere Inftrumente zur Lenkung des fouveränen Wählerwillens nicht gab. Trotz alledem fiel das Ergebnis für die Medici aus. Und nun ging es mit Rinaldo fchnell bergab, befchleunigt durch ihn felber. Denn nur noch von Trotz und Unbefonnenheit ließ er fich leiten, nicht einmal feine frühere dreifte Gewaltfamkeit blieb ihm treu. Zuerft hielt er, obwohl die neuen Signoren

Abb. 40. Die Orgelbrüftung von Donatello für den Dom zu Florenz.
Nach einer Photographie von Gebr. Aliuari, Florenz.

schon am 1. September ihr Amt anzutreten hatten, die Ungültigkeitserklärung der Wahlen und die Anberaumung neuer noch für möglich — that aber nichts dazu; dann wollte er inmitten seines offenkundigen Mißgeschicks eiligst und plump einige wichtige Gegner zu sich herüberziehen; als sich darauf während des Septembers die Dinge immer bedrohlicher gestalten, waren die Waffen noch sein einziger Trost. 600 ausgerüstete Söldner hatte er, ganz genug, um durch einen rasch und konsequent durchgeführten Staatsstreich sich vorläufig zu behaupten und das Wichtigste, Zeit, zu gewinnen. Er ließ jene in der That auf den Signorienplatz rücken, dann aber, nachdem er den städtischen Frieden von seiner Seite gebrochen hatte, begann er kleinlaut zu unterhandeln, und damit war sein Schicksal besiegelt.

Wie Padua und Venedig für Cosimo, so war inzwischen auch Florenz für einen unterlegenen Mann, dessen Name durch die Welt klang, eine Residenz im Exil geworden, nämlich für Papst Eugen IV. Zu diesem

ins Kloster von Santa Maria Novella begab sich der durch seine Not Verwirrte: der hohe Gast der Stadt möge für ihn vermitteln. Nun liegt aber zu allem sonstigen Ungeschick Santa Maria Novella von der Piazza della Signoria, wo die Entscheidung fallen mußte, über einen halben Kilometer weit durch lauter winkelige Straßenzüge hindurch entfernt. Während Rinaldo mit dem Papste, der nicht recht wußte, was zur Zeit das Klügste sei, auf keinen Fall aber einem verlorenen Mann helfen wollte, eine langatmige Unterredung hatte, verließen sich die allein gelassenen Truppen; dagegen drangen bewaffnete Bürger und Landleute, die zu den Medici hielten, immer kecker vor; die neuen Signoren bekamen Zuversicht, beriefen eine Versammlung und setzten die übliche Balia ein. Diese rief dann mit möglichster Eile und in voller Einmütigkeit Cosimo und die Seinen aus der Verbannung zurück, in die sie dafür die anderen sandte. Am 2. Oktober mußten Rinaldo degli Albizzi und siebzig seiner Anhänger die Stadt ver-

Abb. 11. Einzelteil von der Orgelbrüstung von Donatello für den Dom zu Florenz.
Nach einer Photographie von Gebr. Alinari, Florenz.

Abb. 42. Einzelteil von Luca della Robbias Orgelbrüstung.
(Nach einer Photographie von Gebr. Alinari, Florenz)

laſſen, die ſie nie wiederſehen ſollten; ihre Rolle war für immer ausgeſpielt.

In Jahresfriſt, ſo war Coſimo bei ſeiner Abreiſe von zurückbleibenden Freunden getröſtet worden, werde er wieder daheim ſein. Das war am 3. Oktober 1433 geweſen, am gleichen Tage 1434 war er ſchon auf dem Heimwege und im Apennin. Er war ſofort aufgebrochen, ſobald er die erſte Kunde von dem offenen Umſchwung vernommen hatte, und erfuhr die Meldung von ſeiner Zurückberufung unterwegs.

Ein pikantes Kabinettſtückchen aus der allgemeinen Naturgeſchichte des Cäſarismus iſt es nun, zuzuſehen, wie ſowohl die „Regierung“, der nur der für die Medici günſtige Wille im Volke Amt und Sieg gegeben hatte, als auch andererſeits Coſimo ſelber ſich möglichſt ſichtbare Mühe geben, nicht merken zu laſſen, wer nun Herr in Florenz geworden war. Das niedere Volk umlagerte am 6. Oktober, als Coſimo erwartet wurde, ſein Wohnhaus in dichten Scharen, und dieſer bevorſtehende Empfangsjubel ſollte nach höherem Einvernehmen vorſichtig vereitelt werden. Deshalb wurde die Heimkehr des Verbannten zu einem umſtändlich verabredeten Verſteckſpiel gemacht. Der ſchließliche Erfolg konnte ja nur ein noch wirkſamerer ſein, als wenn man die Menge ſich auf einmal hätte heiſer ſchreien laſſen. Am Abend jenes Tages wurde Coſimo heimlich durch ein Thor eingelaſſen und gelangte zunächſt an der inneren Stadtmauer entlang und dann auf weiteren Umwegen zum Signorenpalaſt. Die Ehrenbezeugungen, womit

3*

ihn hier die Regierungsherren empfingen, und die Gespräche, die geführt wurden, waren wichtiger, als ein Freudensturm der aura popularis. Der neue ungekrönte Fürst von Florenz nächtigte darauf im Regierungsgebäude und bezog in der Frühe des nächsten Morgens seine Wohnung wieder. So war in der That alles ganz in Ruhe vor sich gegangen.

Cosimo hat später einmal gesagt: „Ich sehe ein, daß es thöricht war, nicht früher mit Geld vorzugehen; es hätte viel Umstände gespart.“

Vom Oktober 1434 an datiert also die zur öffentlichen Gewißheit gewordene Leitung der Stadt und des Machtgebietes von Florenz durch die von Cosimo vertretene Linie des Hauses Medici. Übrigens ohne daß diese Herrschaftsform sich irgend einen Titel, ein Abzeichen gewählt hätte oder überhaupt deutlicher fühlbar geworden wäre. Nichts lag Cosimo ferner, als etwa auf sich oder auf Lorenzo, seinen Bruder und treuen

Freund, Ämter zu häufen, und wenn er einige gelegentliche Male persönlich das Gonfalonierat übernommen hat, so stellte er sich durch die Art, wie es geschah, eher mit anderen angesehenen Bürgern in dieselbe Reihe. Die republikanisch-demokratische Verfassung, die die Regierungsbehörde aus Zunftvorstehern, Bürgerwehrhauptleuten und Vertrauensmännern zusammensetzte, blieb unangetastet und schien ihrem Inhalte nach jetzt sogar mehr zur Geltung zu kommen, als vorher während des popolanen Optimatenregimentes. Der Medici regierte die Stadt auf die Weise, daß in allen Ämtern Anhänger von ihm saßen, Leute, deren er sicher war, und die er wie Schachfiguren handhaben konnte. Er sorgte, daß sie sich gegenseitig im Zaume hielten und daß nicht gerade die Gescheiteren und Reicheren unter ihnen die wichtigeren Ämter erhielten. „Kleide dich gut und sprich möglichst wenig,“ das war die Instruktion, wie er sie wohl einmal einem seiner brauchbarsten, durch ge-

Abb. 13. Einzelteil von Luca della Robbias Orgelbrüstung.
Nach einer Photographie von Gebr. Alinari, Florenz.

Abb. 14. Jungfrau mit Christuskind. Von Luca della Robbia. An einem Hause der Via dell' Agnolo.
(Nach einer Photographie von Gebr. Alinari, Florenz.)

nügende Harmlosigkeit vom Verdachte des Ehrgeizes freien Getreuen auf den Amtssessel mitgab.

Dieses neue, auf Klugheit, Geld und Geduld, die ihre Früchte langsam hatte reifen lassen, gegründete System der Hegemonie eines einzelnen Bürgergeschlechtes erhob sich somit seit 1434 über den Trümmern eines anderen, das eine geraume Zeit hindurch durchaus löblich regiert hatte. Zwar hatte der oligarchische Ring der Albizzi und der mit ihnen verbündeten Familien die Kräfte der Florentiner aufs äußerste angespannt, aber nicht vergeblich. Wenn auch einzelner Mißerfolg nicht ausblieb und schließlich das Nichtgelingen gegen Lucca zum Ausgang des Verderbens ward: unter der Leitung jener in ihren guten Tagen hat Florenz sich als Herrin in Toskana ausgedehnt und dieses Stadt für Stadt, Gebiet für Gebiet erobert, „wie man eine Artischoke verspeist"; es hat die einstige Gebieterin im Tyrrhenischen Meere, Pisa, unterworfen (1409) und sowohl dadurch, wie noch mehr durch die Einnahme des neuen zukunftsreichen Hafens von Livorno (1424) die eigene Teilnahme an der Kauffahrteischiffahrt und Beherrschung der Meere vorbereitet. Es ist bemerkenswert, wenn ein so urteilsfähiger Geschichtschreiber, wie Guicciardini, vor dem auch die Zeiten von Cosimo und dessen Enkel Lorenzo Magnifico ausgebreitet lagen, und der selber, im Anfang des XVI. Jahrhunderts, zur Errichtung des mediceischen Herzogtums mitgewirkt hat, über den im Jahre 1434 abgeschlossenen geschichtlichen Abschnitt sagt: dies sei die glorreichste und glücklichste Regierung gewesen, die Florenz jemals gehabt habe.

reits die Albizzi waren sich genau bewußt, welche unmittelbare Machtfestigung aus der freien Welt des Schönen entlehnt werden könne.

Fast mit noch lebhafterem Ehrgeiz als in politischen und materiellen Erfolgen wetteiferten die Kommunen des erwachten Italiens im Schmuck ihrer Städte gegeneinander, in der Schönheit und Ausstattung ihrer Kirchen, Straßen, Plätze und Paläste. Soviel die Bürger dafür in freiem Antrieb

Abb. 45. Der heilige Dominicus und der heilige Franciscus. Von Andrea della Robbia.
An Brunelleschis Loggia di San Paolo zu Florenz.
(Nach einer Photographie von Gebr. Alinari, Florenz)

Aber nicht nur ihre politischen, auch ihre ästhetisch-künstlerischen Erfolge warf die abgelaufene Periode den glücklichen Siegern, den Medici, als Verlassenschaft in den Schoß. Zu meinen, erst diese hätten begonnen, Künste und Wissenschaften zu begünstigen, würde höchst irrig sein. Heimisch in der Stadt am Arno waren alle geistigen und künstlerischen Bestrebungen ja längst aus Zeiten her, da dort noch niemand Autorität und Bedeutung in dem Umfange besaß, daß sie ihn zum öffentlichen Mäcenatentume berechtigt oder verpflichtet hätten. Aber be-

der Familien leisteten, der Führer des Staates, sobald ein solcher auftrat, mußte notwendig Führer auch in diesen Dingen sein. Vor allem aber in Florenz, das seit Giottos (Abb. 34) und Dantes Zeiten, seit anderthalb Jahrhunderten also schon, eines dauernd aufrecht erhaltenen Vorrangs sich bewußt war, und das den wohlbegründeten Ruhm besaß, die gebildetsten Bürger, die feinsten Köpfe und Zungen, die größte Fülle der Talente hervorgebracht zu haben und in sich zu schließen.

Die Erfüllung solcher Voraussetzung kam

aber auch wiederum der politischen Führerschaft mächtig zu gute. Nicht einmal so sehr durch die Dankbarkeit der Mitbürger und ihre weiteren Hoffnungen, als durch ein anderes. Dies war der Umstand, daß der Ruhm und die individuelle Auszeichnung niemals, weder vorher noch nachher, einen so hohen absoluten Wert besessen haben, als während der Renaissance. Besteht ja

ben, jegliche Art von Herausragen und Sichhervorthun zu begünstigen und zu steigern sucht und sich daher sogar zu begeistern vermag an einer gewaltsamen Rücksichtslosigkeit von Eigenart und Eigenwilligkeit, wie sie unserer Zeit nur als verbrecherisch erscheint. Denn unsere öffentlich anerkannte Moral stellt das Recht und das Wohl der Gesamtheit über die von jener Zeit als herr-

Abb. 46. Wickelkind am Florentiner Findelhaus. Von Andrea della Robbia.

doch deren Hauptunterschied vom Mittelalter eben darin, daß, während früher die eine Herde unter dem einen Hirten das große Ideal gewesen war, für dessen Verwirklichung die edelsten Männer ihre höchste Kraft und ihr Leben einsetzten, die Renaissance dann völlig umgekehrt den Menschen als Persönlichkeit, als Individuum entdeckt und jeden einzelnen möglichst frei für sich zu nehmen, zu betrachten, die gegenseitigen Unterschiede der Persönlichkeiten hervorzuhe-

lich bewunderte Kraftentfaltung der Übermenschen. Niemals sind so viele biographische Kompendien über viri illustres, berühmte und herausragende Männer, geschrieben worden, als während der humanistischen Periode Italiens, niemals hat man sich so eifrig die heimischen Berühmtheiten gegenseitig vorgerechnet, und niemals hat man so viel Dankbarkeit und konkrete Belohnung für diejenigen gehabt, die erfolgreich nach eigenem Ruhm strebten oder als Förderer und Gönner die Talente und Berühmtheiten in die Nähe zogen und festhielten.

So stehen wir ganz entsprechend schon während der Albizziregierung in der Zeit einer absichtlichen, quantitativ wie ästhetisch hochbedeutsamen Kunstpflege, und konsequenterweise wetteifert auch darin mit den Kreisen Uzzanos und Albizzis der Führer der Opposition, Giovanni Medici. Wir haben vorhin schon Filippo Brunelleschis (1377 bis 1446) gedacht, sahen ihn öffentlich am Dome, privatim für San Lorenzo thätig, wir haben noch anzufügen, daß auch der Kreuzgang oder, da man unter dem neuen Kunststil nicht mehr gut so sagen kann, der Säulenhof (Abb. 35) des mit der Kirche verbundenen Klosters San Lorenzo, der heute mitten in der lebhaften Stadt ein stilles

Fleckchen grüner Natur einschließt, sein von Giovanni veranlaßtes Werk sein soll. Florenz gehört ja auch seine für die vornehme Familie der bei Pazzi neben Santa Croce erbaute kleine Kuppelkapelle (Abb. 36) an, in welcher er -- das Äußere deckt ein in Permanenz geratenes Rotdach — dem Geiste der wiedererweckten Antike und ihrer Formensprache einen so unbehinderten Ausdruck, wie sonst kaum, hat geben können. Ebenfalls für die Pazzi hat er den heute nach anderen benannten Palazzo Quaratesi oder de Rast gebaut (Abb. 37), und in anderem Zusammenhange wird derjenige von ihm entworfene Bau noch zu erwähnen sein, durch den — wir meinen den Palazzo Pitti — Brunelleschi am meisten der Schöpfer des specifisch-florentinischen Palaststils mit seinen

Abb. 37. Grabstein des Fra Angelico in Santa Maria sopra Minerva zu Rom Nach einer Photographie von Gebr. Alinari, Florenz.

ernſteren, immer noch etwas feſtungsmäßigen, aber durch die Gliederung in proportional abgeſtufte Stockwerke ſo überaus harmoniſch auf das Auge wirkenden Faſſaden geworden iſt.

Einſt in jungen Tagen war Donatello der Wandergefährte des etwas älteren Brunelleſchi geweſen, und ſie blieben auch neidloſe Freunde, als ſie beide die erſten Künſtler von Florenz geworden waren, und der eine als Baukünſtler, der andere als plaſtiſcher Bildner ſämtliche Zeitgenoſſen überragte. Die reiche Fülle von Werken, die Florenz Donatello (1386—1466) verdankt, und die jetzt zum Teil im Donatelloſaale des Bargello vereinigt iſt, veranſchaulicht das großartige und umfaſſende Können dieſes Meiſters, der die ganze Stufenleiter des Ausdrucks von der herbſten Rückſichtsloſigkeit bis zur fröhlichen Anmut beherrſcht, aber nie anders als wahr und freinatürlich iſt. Donatello iſt es ja auch, der nach der langen Scheu des Mittelalters als der erſte wieder die Darſtellung des ſchönen nackten Körpers als Selbſtzweck (alſo ohne beſondere rechtfertigende Motivierung wie bei den Kruzifixen oder auch den Evageſtalten u. ſ. w. der Gotik) gewagt hat. Zu den ſchon genannten Aufträgen der Medici an Donatello kommen als weitere der geſamte plaſtiſche Schmuck der alten Sakriſtei und ferner die eine ſchöne Reliefkanzel im Längsſchiff von San Lorenzo hinzu (Abb. 19, 21, 22, 27, 38—41).

Lorenzo Ghiberti, der (1378—1455) etwas älter als Donatello, zugleich eine etwas ältere, nicht ſo bis zur Kühnheit wahre,

Abb. 49. Die im Kloster San Marco für Cosimo bei Medici eingerichtete Zelle.
(Nach einer Photographie von Giacomo Brogi, Florenz.)

mehr auf Gefälligkeit bedachte Kunstweise zeigt, und dessen Anschluß an die Antike unfreier und weniger innerlich erarbeitet ist, war hochberühmt geworden seit seinen ehernen Reliefthüren am Baptisterium. Mit deren Modell schlug er in der Wettbewerbung den Filippo Brunelleschi — fast alle die größeren Meister dieser von Kraftgefühl und Schaffenslust übersprudelnden Zeit gehören ja mehreren Künsten zugleich an. Nicht geringerer Ruhm gebührt seinen Bildwerken an Or San Michele, in dessen Außenwandnischen jede der großen Zünfte eine Statue stiftete. Auch er ist durch die Medici nicht übergangen worden, die bei ihm 1427 das Denkmal eines Brancacci für Neapel und 1428 eine eherne Reliquienlade als Geschenk für ein Kloster bestellt haben, von dem aus sie schließlich ins Bargello gelangt ist. Wer könnte aber von dieser Zeit sprechen und nicht zugleich - - selbst ohne daß ein mediceischer Auftrag herauszuheben wäre - des Luca della Robbia gedenken, der in seinen musizierenden Kindern an der marmornen Orgelbrüstung

(Abb. 42 und 43) für den Dom ein, wenn auch nicht von gleichem Schwung erfaßtes, so vielleicht noch anmutigeres Gegenstück zu dem gleichen Werke Donatellos, und der ferner die Reliefs der ehernen Thür der Domsakristei geschaffen hat, dessen lebendigster Ruhm aber schließlich doch nicht gleichermaßen in Marmor und Bronze gegründet liegt, wie in den liebenswürdigen bunten, glasierten Thonreliefs, den „Robbien," (Abb. 44—46) wie sie heißen, weil er in ihnen einen ganzen Florentiner Kunstzweig neu geschaffen und damit für ein Jahrhundert lang noch seinen Nachkommen Beruf und Ruhm gewiesen hat.

Was die Malerei anlangt, so erreichte die überlieferte, auf Giotto zurückgehende Weise, welche naive und demütige Innigkeit in irdisch anmutigen Typen zum Ausdruck brachte, in der ersten Hälfte des XV. Jahrhunderts ihre größte Vollendung und zugleich eine Tüchtigkeit und Solidität der Technik, die selbst den Fresken schönste Jugendfrische bis heute erhalten hat. Auf diesen Höhepunkt führte sie der Mönch Guido aus dem Dominikanerkloster von Fiesole, Fra Angelico (1387—1455), wie er gewöhnlich, oder il Beato, wie er auch wohl genannt wird (Abb. 47). Aber in die gleiche Zeit, da der fromme, liebenswürdige und unermüdlich fleißige Klosterbruder die Menge der Zeitgenossen entzückte, und man von Rom, von Orvieto aus nach ihm rief, in dieselbe Zeit fällt auch ein künstlerisches Ereignis, das vielleicht den bedeutendsten Wendepunkt in der Kunstgeschichte — ich sage nicht, in der Technik der Malerei überhaupt darstellt: die 1423 begonnene Ausführung der Fresken in der engen Brancaccikapelle der Kirche Santa Maria del Carmine zu Florenz durch den „kleinen Thomas“ und den „plumpen Thomas,“ durch Masolino (1383—1447) und Masaccio (1402 bis ca. 1428). Der erstere, der als der Lehrer des zweiten gilt, hat zwar schon vor jenen Florentiner Fresken solche zu Rom in der Passionskapelle von San Clemente ausgeführt, indessen ohne daß diese seine Schöpfungen, zumal in ihrer

starken Übermalung, für uns heute ein größeres Interesse erwecken könnten, noch früher auf diejenigen Beschauer und Künstler Eindruck gemacht hätten, die zugleich die Brancaccikapelle kannten und wie Raffael nicht Worte genug zur Bewunderung für diese finden konnten. So gebührt denn Florenz der unverkürzte Ruhm, daß in seinen Mauern der Offenbarungsgeist der Renaissance über alle drei Künste gekommen ist und die Stadt sich als die alleinige Wiege aller neueren Kunst betrachten darf.

So wenig die Renaissancemalerei ganz ohne Vorläufer und Vorbereitungen gewesen ist, so überrascht doch die Plötzlichkeit, mit der sie sich als vorhanden und fertig in der Brancaccikapelle präsentiert. An die Stelle der liebevollen beschaulichen Hingebung der Personen an den Gegenstand des Bildes und der allgemeinen Familienähnlichkeit in ihren gefälligen Gesichtern und ihrer Haltung sind Kraft und Charakteristik getreten. Denken und durchlebtes Menschenschicksal sind in den ausgeprägten Mienen zu lesen, die Personen auch nicht mehr so brav-verträglich in Reih

Abb. 50. Kapelle der Medici in Santa Croce zu Florenz, von Michelozzo für Cosimo erbaut.
(Nach einer Photographie von Giacomo Brogi, Florenz).

Abb. 51. Badia von Fiesole.
(Nach einer Photographie von Giacomo Brogi, Florenz.)

und Glied gebracht, sondern in komponierte Gruppen geordnet, in Haupt- und Nebenpersonen geschieden und unter Mithilfe der neuen Kenntnisse über die Perspektive in wirklichen zurückgehenden Raum hineingestellt. Wie der Bildhauer seit Donatello, hat jetzt der Maler begonnen, das Nackte zu studieren, die Körper lebenswahr und rund zu schauen, sie zu modellieren und wie die Stellungen, so auch die Anordnung der Gewänder von der Schablone zu befreien. Und dann, was doch die Hauptsache bleibt, durch den Inhalt und die Formengebung recht die auf das Große, Gewaltige, Kühne gerichtete Sehnsucht der neuen Zeit.

Wenn wir nun von dem Vater Giovanni bei Medici und seiner Generation zu dem Sohne und dessen Bedeutung für die Kunstpflege uns wenden, so kann vorweg bemerkt werden, daß das am wenigsten umfängliche sein Verhältnis zu den Malern gewesen ist. Für ihn gilt wie vielleicht für niemanden sonst in dieser Ausgeprägtheit die Losung, welche von Florenz aus durch ganz Italien klang und für die Meinung vieler schon den vollen Inbegriff des neuen köstlichen Rinascimento in sich schloß: Bauten und Bücher!

Cosimo gehört zu den in allen Zeitaltern häufigen hervorragenden Persönlichkeiten, die durch Geburt auf eine mehr praktische Thätigkeit hingewiesen und für diese vorgebildet, daneben sich ein aufrichtiges Sehnen nach freierer und schönerer Geistesthätigkeit bewahren und durch den lebhaften Eifer ihrer Mußestunden das wiedereinzubringen niemals müde werden, was sie nicht zur Hauptsache haben machen dürfen. Er hat sein Lebenlang an sich weitergearbeitet, und es ist nur bezeichnend für die Redlichkeit und den tiefinneren Erfolg seines Strebens, wenn er gewissem Anschein

Abb. 52. Fassade der Badiakirche von Fiesole.

nach niemals ganz zu jenem befriedigten Gefühl der approbierten Sicherheit und Überlegenheit gelangt ist, das bei den Vertretern der gelehrten und freieren Berufsarten so leicht Eingang findet — womit keineswegs bestritten sein soll, daß nicht diese letzteren an wirklicher vertiefter Bildung und an menschlich gehobenem Wert oft nur allzu sehr hinter jenen unzünftigen Liebhabern im besten Sinne, den dilettanti, zurückbleiben.

Dies sollte vorweg betont werden, um dann hinzuzufügen, daß sich bei Cosimo zu der redlichen Begeisterung, die der Ausgangspunkt bleibt, allerdings auch ein gewisses äußeres Pflichtgefühl und bewußte Absicht hinzugesellen. Die Pflege der Künste sollte sich immerhin auch ihm rentieren. Es kommt von solchen äußeren Motiven hier noch ein weiteres hinzu. Bei den harten Kämpfen der politischen Welt des XV. Jahrhunderts, besonders wenn sie auf dem engen Raume ein und derselben Stadt ausgetragen wurden, konnte es nun einmal nicht nach den sittlich erhabeneren Lehren von der Barmherzigkeit und Feindesschonung zugehen.

Abb. 53. Lavabo in der Sakristei der Badia von Fiesole.

Auch Cosimo ist ganz und gar der kalte, durch keine innere Anwandlung gehemmte Politiker von jener zeitgemäßen Gattung, die in Macchiavellis „Principe" ihre konsequenteste Formulierung gefunden hat, gewesen. Aber was ihn von den großen, absolut entfesselten Frevelhelden seiner Zeit, einem Sigismondo Malatesta oder Cesare Borgia, neben anderem weit unterscheidet, das ist der in seinen Kreisen durchaus nicht selbstverständliche Besitz eines Gewissens. Er hatte das Bedürfnis, sich von demjenigen, was an diesem Gewissen nicht spurlos vorüberzugehen konnte, durch entsprechende Leistungen an die Verwalterin der allversöhnenden Gnade, die

Kirche, zu befreien, wie er überhaupt, bei aller persönlichen Vorliebe für die Gedankenbahnen antiker Philosophen, den Anforderungen des kirchlichen Lebens nach der herkömmlichen Weise der Zeit gerecht werden wollte.

Er hat vor allem auf das Kloster San Marco in Florenz außerordentlich viel Liebe und Kosten verwendet. Seit den Anfängen seines Vaters, aus denen wir vorhin den steuerbaren Besitz mitgeteilt haben, hatte sich das Vermögen des Hauses stark vervielfältigt, besonders durch weitausschauende glückliche Unternehmungen, zu denen die großen Konzilien von Konstanz und Basel die näheren Gelegenheiten herbeigeführt hatten. Summen, die dem früheren Gesamtvermögen fast gleichkamen, konnten jetzt für einen einzelnen frommen oder künstlerischen Zweck aufgeboten werden. Nach einer schriftlichen Zusammenstellung von der Hand des Lorenzo Magnifico sind von 1434—1471, also in der

Fiesole in den von San Marco übertrat, hat seinen Ordensbrüdern die Räume mit Fresken geschmückt, die zu seinen herrlichsten gehören. Auch den zum Kloster gehörigen Bibliothekraum (Abb. 48) hat Michelozzo geschaffen, und Cosimo hat darin die erste Bücherei, die öffentlichen Zwecken gewidmet wurde, auf-

Abb. 54. Palazzo Medici von Südwest.
(Nach einer Photographie von Gebr. Alinari, Florenz.)

Zeit Cosimos und den beiden nächstfolgenden Jahren von den Medici für Unterstützungen, öffentliche Bauten und Steuern zusammen 663755 Goldgulden ausgegeben worden. Davon wurden auf San Marco auf einmal rund 70000 Gulden verwendet. Der von Cosimo am meisten bevorzugte Architekt Michelozzo hat in seinem Auftrage das stattliche Gebäude für die Dominikaner errichtet, und Fra Angelico, der selber aus dem Konvent von

stellen lassen. Er konnte durch diese Herstellung einer allgemein zugänglichen Bibliothek zugleich einen Herzenswunsch des soeben verstorbenen, ihm befreundeten feinsinnigen Sammlers Niccolò Niccoli erfüllen, indem er dessen 800 kostbare Bücher aus dem Nachlaß übernahm und nach San Marco stiftete. Sich selber hat Cosimo eine stille Zelle inmitten der Dominikanergemächer vorbehalten, in der noch heute Erinnerungen an ihn ge-

Abb. 55. Hof des Palazzo Medici oder Riccardi zu Florenz.
(Nach einer Photographie von Giacomo Brogi, Florenz.)

zeigt werden
(Abb. 49).

Zu Santa
Croce fügte
Cosimo, wiederum durch
Michelozzo,
das Noviziat
und die Cappella Medici
hinzu (Abb.
50). San Lorenzo, wo freilich die Hauptsache schon geschehen war,
ward nicht
übergangen,
und andere
fromme Stiftungen kamen
in näherer und
weiterer Ferne
hinzu. Wie den

Abb. 56. Rel ef Donatellos aus dem Hof des Mediceerpalastes.
(Bacchus und Ariadne.)

Predigerorden
des heiligen
Dominicus, so
zeichnete er
auch den des
noch einbringlicheren Apostels der Armut aus, des
heiligen Franz.
Er gründete
den Franziskanern ein Kloster bei Cafaggiuolo, wo die
Straße durch
den Apennin
nach Bologna
hinüberführt,
und in dem
Mekka der
Franziskanerwelt, in Assisi
selber, ver-

Abb. 57. Aus den Fresken Benozzo Gozzolis im Mediceerpalast.
(Nach einer Photographie von Giacomo Brogi, Florenz.)

größerte er das Kloster des Heiligen, ver-
sorgte die auf dem Berge gelegene Stadt
durch eine Wasserleitung und ließ auch den
Weg hinauf pflastern. In Paris hat er das
für Florentiner bestimmte geistliche Kollegiat-
gebäude neu herstellen, in Jerusalem ein
Pilgerhaus erbauen lassen. Am Berge von
Fiesole aber, wo er nebenbei auch San Girolamo errichtete, entstand durch ihn in ver-
jüngter Gestalt eine klösterliche Stätte, an
die sich noch langhin wichtige und anmutige
Mediceererinnerungen knüpfen sollten.

Im Jahre 1439 hatte Papst Eugen IV.

in das veröbete Fiesolaner Benediktinerkloster
Chorherren der Augustinerregel verpflanzt.
Für sie ließ Cosimo die Kirche und Abtei
(Abbadia, Badia) durch Brunelleschi erneuern
(Abb. 51 — 53), und so entstanden diese
schönen Räume und ihre Loggia. Sie sind
es übrigens, die den Vorwurf solcher Leute,
die immer alles durchschauen, und deren
Urteil auch Cosimo nicht ganz entging, ich
sage nicht rechtfertigen, aber immerhin ver-
stehen lassen, worauf er sich bezog, nämlich:
daß er baue, um möglichst viel das Wappen
der Medici zeigen zu können. Die West-

faſſade der Kirche iſt auch hier nicht fertig
geworden; deſto erwünſchter aber iſt es, die
geſchonte alte Faſſade der urſprünglichen
Kirche noch ſehen zu können, die mit ihren
viel kleineren Verhältniſſen in dem Rohbau
der neuen Front als marmorner Kern darin-
ſteckt (Abb. 52); ſie iſt die älteſte in dieſer
Gegend überhaupt erhaltene alttoskaniſche
Faſſade. Jedem aber wird unvergeßlich das
Verweilen in dieſen von den Mediceern und
ihren Freunden ſo oft beſuchten Räumen
ſein, beſonders in der Loggia mit dem
offenen Blick auf Florenz hernieder und
auch auf der Plattform draußen vor der
Kirche mit ihrer ſtillen Einſamkeit inmitten
der wundervollen Landſchaft des Fieſolaner-
berges.

Zu dieſen kommen nun die Profanbauten
Coſimos hinzu. Er iſt derjenige, der den
Wohnſitz ſeiner Familie aus den älteſten
Stadtteilen hinweg in die Nähe von San
Lorenzo, nämlich in die „Breite Straße“ (Via
Larga, jetzt Via Cavour) verlegt hat (Abb. 54).
Er hatte damals zwei Pläne zur Verfügung,

den künſtleriſch bedeutenderen, wahrhaft
majeſtätiſchen des Brunelleschi und den ge-
ſchmackvoll bürgerlich-wohlhabenden, immer
noch höchſt ſtattlichen des Michelozzo — er
wählte den letzteren. Dieſe kluge Vorſicht
iſt um ſo begreiflicher, als der Palaſt in
den Jahren unmittelbar nach Coſimos Rückkehr aus der Verbannung, alſo in den Anfängen ſeiner noch durch kein Herkommen
gefeſtigten Stadtherrſchaft errichtet worden
iſt. 1440 ſcheint er fertig geworden zu
ſein; er hat 60 000 Gulden gekoſtet, weniger, als wie Coſimo das Dominikanerkloſter
zu ſtehen kam. Die heutige Breite beſaß
er noch nicht, da erſt die ſpätere Beſitzer-
familie, nach welcher man heutzutage häufiger
vom Palazzo Riccardi als vom Palazzo
Medici ſpricht, die vordere Faſſade im genauen
Anſchluß an Michelozzos Werk hat nach
Nordoſten erweitern laſſen. In dem hübſchen
Hofe des Mediceerhauſes (Abb. 55), der
der urſprüngliche geblieben iſt, hat Donatello nach antiken Kameen aus dem Beſitze
Coſimos ſchöne Medaillonreliefs (Abb. 56)

Abb. 58. Aus den Fresken Benozzo Gozzolis im Mediceerpalaſt.
Nach einer Photographie von Giacomo Brogi, Florenz.

angebracht. Die Hauskapelle hat einer der liebenswürdigsten Künstler, Benozzo Gozzoli, mit Fresken geziert, welche die Fahrt der heiligen drei Könige nach Bethlehem, d. h. in Wirklichkeit eine heitere italienische Fürstenreise mit den Porträts Cosimos und der Seinen, sowie des Malers selber, und mit allem reichen Gefolge einer solchen Reise und zugehörigen Kurzweil darstellen (Abb. 57—61, 67). Auch in Mailand unterhielten die Medici einen Palast, den der dortige Herzog geschenkt und Cosimo durch seinen Michelozzo prächtig hatte umbauen lassen. Zu diesen Stadtpalästen gesellen sich die durch den baulustigen Mediceer geschaffenen Villen. An dem Aufenthalt auf der Villa hängt, fast mehr noch als einst das Herz des antiken Römers, das des Renaissancestädters, dem seit Petrarca die humanistische Lektüre das Behagen bukolischen Daseins zugleich mit dem Sinn für landschaftliche Schönheit und Großartigkeit wieder entdeckte (während das Mittelalter eigentlich nur den Vordergrund, Blumen

Abb. 59. Aus Benozzo Gozzolis Fresken im Mediceerpalast.
(Nach einer Photographie von Giacomo Brogi, Florenz.)

und Wiesen, Wegrain und Waldesrand und die singenden Vöglein in den Zweigen beachtet hatte). Die Villa erschien als die köstliche Zuflucht aus Kampf und Geschäften der Stadt in den Schoß von lauter Frieden und Glück, mochte immerhin mit ihrem Mauerwerk selbst die gartenumschlossene Villa noch an die alten Kastelle der Fehdezeit gemahnen. Hier gefielen sich die vornehmen Bürgerfamilien in heiterer Geselligkeit, die nirgend so schön gedieh und so ungeschmälerten Genuß brachte, wie in der holden Muße auf dem Lande; sie vergnügten sich in der Pflege einer musterhaften Nutzgärtnerei und fanden den Übergang zu der Lebensführung des ländlichen Grandseigneurs. „Um Florenz," sagt ein Autor des XV. Jahrhunderts, „liegen viele Villen in kristallheller Luft, in heiterer Landschaft, mit herrlicher Aussicht; da ist

Abb. 60. Aus Benozzo Gozzolis Fresken im Mediceerpalast. (Nach einer Photographie von Giacomo Brogi, Florenz.)

wenig Nebel, kein verderblicher Wind; alles ist gut, auch das reine, gesunde Wasser; und von den zahllosen Bauten sind manche wie Fürstenpaläste, manche wie Schlösser anzuschauen, prachtvoll und kostbar." Unter ihnen ist die von Careggi (Abb. 62), nordwestlich von Florenz am Apenninabhange gelegen, von Michelozzo für Cosimo erbaut worden. Sie hat die heitersten und glücklichsten Tage ihres Erbauers und seines Enkels Lorenzo Magnifico, sie hat auch ihr Sterben gesehen. Von anderen Bauten gesellen sich hierher die Villen von Casaggiuolo nahe bei dem schon genannten Kloster und abermals am Abhange unter Fiesole die später von Lorenzo Magnifico so gern besuchte, heute mit englischem Besitzernamen zubenannte Villa Spence (Abb. 63 und 64).

Bauten und Bücher! Nun waren der Zeit die Bücher zum köstlichsten Gute vor jedem anderen geworden. Selbst das Exil schreckt uns nicht mehr, sagt eine Stimme

des späteren XV. Jahrhunderts, da man ja nirgends der Bücher völlig entbehren wird. Niccolò Niccoli hatte sein ganzes, nicht großes Vermögen für die Bücher verbraucht, die später Cosimo für San Marco übernahm, und weil er nun einmal ohne Bücherkaufen nicht leben konnte, die ihm dargebotene Kasse des befreundeten Medici stark in Anspruch genommen. Dieser auf Bücherbesitz gerichtete Sammeleifer in ganz Italien hebt schon im XIV. Jahrhundert an, wiederum mit Petrarca, der, an sich viel kleiner als Dante, auf fast allen Gebieten der erste fertig gewordene und vorbildliche Renaissancemensch ist. Er ist auch hier nicht der Urheber der Bücherleidenschaft, sondern nur der erste von ihr Ergriffene. Die Ursache liegt in der ungemeinen Begeisterung für die historische, philosophische und poetische Litteratur der Antike mit ihrer, ob ernsten oder heiteren, immer auf realem Boden stehenden, rein weltlichen und rein menschlichen Art, mit ihrem Persönlichkeitskultus, ihrem einfachen Sichbeglückhalten am Dasein. Dies waren die neuen Regungen, welchen sich nach dem darbenden Frühmittelalter das seit den Kreuzzügen und Morgenlandfahrten, ihren Ritterthaten, Abenteuern und Handelsunternehmungen mit großen verwunderten Augen zum eigenen Leben wiedererwachte Laientum mit jubelnder Freude und zugleich mit dem ganzen heiligen Eifer eines Ringens nach neuen Anschauungswelten in die Arme geworfen hatte. Natürlich waren es geschriebene Bücher, Codices, aus denen man so begierig schöpfte, und um die man sich so eifrig bemühte. Die einen der Humanisten und Liebhaber stöberten in eigener Person oder durch Beauftragte überall dort umher, wo ältere Bücherschätze ohne ein entsprechendes Verständnis ihrer Besitzer vor-

4*

Abb. 61. Selbstbildnis des Benozzo Gozzoli. Aus den Fresten im Mediceerpalast.
(Nach einer Photographie von Gebr. Alinari, Florenz.)

hauben waren, besonders in den verstaubten Büchereien der in Wohllebigkeit übersättigten, einst so regsamen deutschen Klöster; andere suchten leichter durch Abschriftnahme geliehener wertvoller Texte in deren köstlichen Besitz zu kommen. Um dieser willen entstanden zum erstenmale wieder seit den alten Römerzeiten ein wirkliches Buchgewerbe und ein öffentlicher Buchhandel, während im Mittelalter nur die fleißige Mönchshand das eigene Kloster versorgt hatte. Der namhafteste Vertreter dieses wiedergeborenen Geschäftszweiges ist der Florentiner Vespasiano di Bisticci, der gewandte Helfer Cosimos in Bücherangelegenheiten. Er war ein armer Junge gewesen, der gern studiert hätte, den aber seine Lage auf schnelleren Verdienst angewiesen hatte. Da hatte er gewußt, die harte Notwendigkeit doch mit seiner großen Liebe für Lesen und Wissenschaften zu vereinigen, indem er Buchhändler, nämlich Abschreiber und Verkäufer von Texten, ward. Die Neigung der Zeit trug ihn rasch empor, bald sah er sich als Leiter eines ansehnlichen Geschäftes. Nach Bisticcis anziehenden eigenen Aufzeichnungen hat er dem Cosimo, als dieser wie San Marco auch die Badia von Fiesole mit Büchern versorgen wollte, geraten, doch lieber in systematischer Auswahl neue Abschriften machen zu lassen, als auf den Zufall eines guten Kaufs zu warten. Jener ging darauf ein, Bisticci mußte 45 Abschreiber einstellen und konnte in 22 Monaten 200 Bände liefern, eine Zahl, die verglichen mit Zeit und Arbeitskräften (im Durchschnitt fünf Monate auf einen Band) doch nicht zu klein erscheint, wenn man die kalligraphische Ausstattung und abgezirkelt korrekte Schrift solcher Codices bedenkt (Abb. 65). Diese wurden ja nicht in der flüchtigen „Kursivschrift" der Notare und Urkundenkanzleien und des täglichen Gebrauches wie Briefe u. s. w., sondern eben in „Bücherschrift" geschrieben, das heißt in demjenigen Duktus, dem dann auch die Drucker ganz genau ihre Lettern nachgebildet haben, so daß durch sie die beiden Arten der Bücherschrift des XV. Jahrhunderts (gebrochene eckige „Fraktur" und „Antiqua", das heißt die an die „alte" Karolingerschrift angelehnte Humanisten- und Reformschrift) dauernd festgelegt und principiell unverändert als Druckerschrift bis auf den heutigen Tag erhalten worden sind. Abgesehen von den beiden genannten Klosterbibliotheken hat Cosimo auch das Bücherwesen Venedigs insofern gefördert, als er

während seines Exils die dortige Gastfreundschaft durch den Bau des Bibliotheksaales bei den Benediktinern von San Giorgio Maggiore vergalt. Und dann hat er nie aufgehört, auch für die eigene Familie zu sammeln, Abschriften zu veranlassen und nach Möglichkeit auf alte schöne Codices zu fahnden; die Geschäftsagenten seines Hauses und besondere Beauftragte sahen sich in aller Welt um; es sei nur erwähnt, daß im nordischen Lübeck die wichtigste Pliniushandschrift für ihn aufgekauft worden ist. So ist die Laurenziana entstanden, die bei San Lorenzo befindliche eigentliche mediceische Hausbibliothek, mit der neuerdings auch die von San Marco und der Badia von Fiesole vereinigt sind: eine der berühmtesten Büchereien der Welt durch ihre auf die Zahl von 10000 angewachsenen Handschriften, worunter sich die besten und ältesten Codices der griechischen und lateinischen Autoren, aber auch viele Unica und Autographen des Mittelalters und der Renaissance befinden. Kein Geringerer als Michelangelo hat das heutige Gebäude entworfen und begonnen

Abb. 62. Villa Careggi. Nach einer Photographie von Giacomo Brogi, Florenz.

und im Benützersaale auch die Holzdecke
sowie die Lesepulte vorgezeichnet, an denen
die Handschriften durch Ketten befestigt sind
(Abb. 66).

Inzwischen war ja übrigens die Buchdruckerkunst erfunden und durch unter-
nehmende deutsche Jünger Guttenbergs auch
bald nach Italien gebracht worden. Indessen in den dortigen Kreisen der Bücher-
freunde ist die neue schwarze Kunst keineswegs so freudig begrüßt worden, wie man

Urbino, ein eifriger Büchersammler, sprach
aus, schämen würde er sich, ein einziges
gedrucktes Buch zu dulden.

Aufgehalten werden konnten natürlich
die raschen Schritte nicht, die die junge
Buchdruckerkunst einer riesengroßen Zukunft
entgegen that, und daran dachte auch niemand.
Der erste wirkliche Drucker in Florenz ist
(nach episodischen Versuchen eines dortigen
Goldschmieds) ein im Jahre 1477 dorthin
gekommener, aus Breslau stammender Nico-

Abb. 65. Villa der Medici am Abhange von Fiesole, heute Villa Spence.

vermuten könnte. Sie war den hochgestellten
Sammlern, welche mit liebevollem Stolz
ihre sauber auf edleres Pergament ge-
schriebenen, mit Initialen und gar mit
Miniaturen hübsch verzierten Schätze be-
trachteten und sich freuten, in jedem Bande
eine Einzelexistenz zu besitzen, eine unsym-
pathische und häßliche Neuerung: der große
Gewinn der Massenherstellung vieler Exemplare war ihnen nur peinlich, eine demokratische Wertvernichtung dessen, was sie
selber mit unablässigen Mühen und Kosten
sich errungen hatten. Herzog Federigo von

laus. Er hat 1480 Cristoforo Landinos
Danteausgabe in die Welt gesandt, das
schönste und würdigste Buch, womit Florenz
sich den Städten, in denen bereits Offizinen
bestanden, hinzugesellen konnte.

Unter jenen so eifrig begehrten und
verbreiteten handschriftlichen Büchern befanden sich schon griechische. Auch den
Ruhm, daß von ihm aus das Verständnis
für die griechische Sprache und für die
klassische Litteratur der Hellenen in die Welt
getragen worden ist, hat Florenz. Palla
Strozzi war es, der dorthin den ersten

Lehrer des Griechischen gebracht hatte. Und bald sollten byzantinische Gelehrte und hohe Beamte, die Träger lebendigen Gebrauches der wenn auch nicht mehr klassischen griechischen Sprache, ganz gewohnte Erscheinungen auf den Straßen der Arnostadt werden. Das aber hängt mit dem Papste Eugen IV. zusammen.

Im Juni 1434 hatte dieser aus Rom fliehen müssen. Er stritt mit dem Baseler Konzil den schweren Kampf um die höhere

wurde Florenz für einige Zeit Papstresidenz und bald darauf auch die Stätte eines denkwürdigen Kirchenkonzils.

Am 8. Januar 1438 wurde zu Ferrara Eugens Trotzversammlung gegen Basel eröffnet. Er durfte sich eines Erfolges rühmen, der wie ein zu ungeahnter Wirklichkeit gewordener überschwenglicher Traum erscheinen konnte, und auf dessen Erfüllung die Päpste seit Jahrhunderten nicht mehr entfernt gehofft hatten: die griechische Kirche von

Abb. 64. Säulenhof aus der Villa der Medici am Abhange von Fiesole.

Autorität in der Kirche, und in dieser Lage war er nicht mehr stark genug, um sich seiner lokalen Gegner zu erwehren, unter denen die große Familie der Colonna die Führerin war. Nur in abenteuerlicher Flucht, verkleidet, in einem Nachen den Tiber hinabfahrend, von Armbrustschützen verfolgt, die am Ufer nebenher liefen, so war er entronnen und schließlich nach Florenz gelangt, wo ihm als Wohnsitz das Kloster von Santa Maria Novella geboten ward. Hier fanden sich allmählich auch sein zersprengter Hofstaat und einige Kardinäle ein, und so

Byzanz bot zur Vereinigung mit der abendländischen die Hand, auf dem von einem römischen Papste berufenen Konzil erschienen persönlich der Kaiser Johannes Palaiologos, sein Bruder Demetrios, der byzantinische Patriarch Joseph und ganze Scharen von Würdenträgern des griechischen Kultus. Pompöse Namen und Titel, von deren Trägern und ihrem Verweilen auf italischem Boden man sich voll Verwunderung erzählte; mit ungeblendeter Kritik betrachtet, geängstete Schutzflehende, deren winziger Machtrest nebst dem rings schon von osmanischen Er-

Florenz interessierte sich vor allem für den gelehrten Platoniker Gemistos Plethon, der unter den griechischen Konzilteilnehmern war, und als er die Lehre seines Philosophen in öffentlichen Vorträgen zu entwickeln unternahm, gehörte zu seinen Schülern auch der fünfzigjährige Cosimo, der hier Eindrücke empfing, die noch in solchen Jahren sein ganzes Denken umzuschaffen vermochten. Nicht minder fand Bessarion, der Schüler des Gemistos, Beachtung durch den auch ihm vorausgeeilten Ruhm feinsinniger Gelehrsamkeit und Kenntnis des Plato. Ihm ist aus diesem Kreise von Byzantinern Italien eine zweite Heimat geworden. Als griechischer Erzbischof herüber-

Abb. 65. Prunkbeispiel der Bücherausschmückung im XV. Jahrhundert. (Nach einer Photographie von Gebr. Alinari, Florenz.)

oberungen eingeengten Stadt Konstantinopel in kürzester Frist ebenfalls von der türkischen Flut verschlungen werden mußte. Es war überhaupt ein Jahrhundert, dieses XV., das den Glanz der Kaiserkronen erblinden machte und auch dem Papsttum böse Tage gab. Die in allen Tiefen erregte Zeit schien anderen, neuen Kräften folgen zu wollen.

Inzwischen brach in Ferrara die Pest aus. Vor ihr und vor einigen bedenklich in die Nähe gerückten Truppen des Herzogs von Mailand, der dem Papste und seinem ferrarischen Konzil nicht gewogen war, huschten Papst, Griechenkaiser und der ganze Würdenpomp davon nach Florenz hinüber, im Januar 1439. Dort ließ sich Benozzo Gozzoli die Gelegenheit nicht entgehen, diesen leibhaftigen Kaiser aus dem Morgenlande im Bilde unter seine nach Bethlehem ziehenden Könige der Medicikapelle zu versetzen (Abb. 67). Der humanistische Kreis in

gekommen, sah er sich bald, ernannt durch Papst Eugen IV., als Kardinal der römischen Kirche. Unter den Büchersammlern von Florenz ist er einer der eifrigsten gewesen, und seiner späteren Schenkung verdankt Venedig, die von den italienischen am meisten durch Beziehungen mit der Welt des Morgenlandes verbundene Stadt, den Grundstock der berühmten Bibliothek von San Marco. Es waren anregende Tage für die Florentiner, als sie das Konzil in ihren Mauern hatten, und wenn es auch gegenüber der Welt der Realitäten eine leere Flostel bleiben sollte, es war immerhin ein schöner und erhebender Augenblick, als nach dem Haber und der Spaltung von Jahrhunderten die Vereinigung der Kirchen, der griechischen mit Rom und zugleich des Anschlusses der ebenfalls vertretenen Armenier, feierlich in lateinischer und in griechischer Sprache gen Morgen

und Abend zu aller Christenheit hinaus ver-
kündet werden konnte.

Auch sonst zog die Anwesenheit Eugens
manche interessante Gäste, die dann zugleich
solche des Hauses Medici wurden, herbei.
So kam im Jahre 1442 der berühmte
„König René", Herr von mancherlei schönen
Landen und kaum in einem davon an der
Herrschaft geblieben. Aus angiovinischem
Hause geboren, war er durch Erbschaft
Herzog von Lothringen, das man ihm aber
kurzer Hand raubte; ferner ward das Königreich Neapel sein Erbe, aber nur von 1438
bis 1442 vermochte er sich unter mühseligen
Kämpfen im Lande zu erhalten; eben jetzt
kam er, flüchtig vor Alfons von Aragonien,
seinem Rivalen, und wollte gegen diesen die
Hilfe des Papstes gewinnen, der ja nicht nur
als Landesherr des Kirchenstaates der Nach-
bar von Neapel, sondern zugleich der Lehns-
herr des unteritalischen Reiches war. René
war ein liebenswürdiger, ritterlicher, ro-
mantischer Herr, der als verspäteter Trou-
badour Minnelieder dichtete und sammelte,
aber nicht für die harten Kämpfe der politischen Welt taugte, in die ihn seine schönen

Erbschaften zogen: er durfte sich immerhin
noch preisen, daß wenigstens seine Gattin
Isabella klug und der Menschen kundig war.
Was er von Erbe und Recht hat bewahren können, das sind die provençalischen
Thäler, die der kinderlose Mann bei seinem
Sterben nebst seinen Ansprüchen auf Neapel
an den König von Frankreich, Ludwig XI.,
vermacht hat. Sein Besuch bei Eugen IV.,
in Florenz war vergebens; gerade wegen
Renés Mißgeschick verständigte sich der Papst
mit dem überlegenen Aragonesen und ver-
trug sich auch mit dem Herzog von Mailand. So ließ er den braven Provençalen
fallen, der ihm lange treu und ritterlich
gedient, und den er selber zu zwei Malen
mit Neapel belehnt hatte. Zugleich aber
brauchte er, nachdem er so entschlossen die
Situation gewechselt hatte, auch Florenz
nicht mehr und verließ 1443 unter sehr
verstimmenden Umständen für die dortige
Regierung die Stadt.

Es wird jedoch an der Zeit sein, an
dieser Stelle eine Übersicht über die
damalige Gesamtlage der Halbinsel
und ihrer Staaten, soweit sie für die

Abb. 66. Lesesaal der Laurenziana.

auswärtige Politik der Medici in Betracht kommen kann, zu geben.

Ehe Italien vor jetzt einem Menschenalter die letzten Fesseln des Auslandes abschüttelte und sein geeinigtes Königreich schuf, galten allein das XIV. und XV. Jahrhundert als die politisch glückliche Zeit der Nation. Die Herrschaft der deutschen Könige und Kaiser von jenseits der Alpen war verblaßt und dahingeschwunden, Frankreich

je um sich herum einen mehr oder minder ansehnlichen Machtbezirk mit Einschluß der sonstigen Städte darin unterworfen haben. Im übrigen wechseln ihre Verfassungen auf das mannigfaltigste. Da ist zunächst ein Staatsgebilde ganz für sich: Venedig, im Meere gelegen und auf das Meer gerichtet, in allen politischen, kommerziellen und auch Kulturbeziehungen mit dem byzantinischen und morgenländischen Orient verwachsen,

Abb. 57.   Aus Benozzo Gozzolis Fresken: Kaiser Johannes.
(Nach einer Photographie von Giacomo Brogi, Florenz.)

und Spanien-Habsburg hatten noch nicht begonnen, eine neue fremde Erobererhand auf italische Territorien zu legen. Allerdings von nationaler Einheit war die Halbinsel damals so weit entfernt wie nur möglich. Wohl nie sind die äußeren staatlichen Formen in engem Nebeneinander so seltsam und buntscheckig gewesen, als in jenem italienischen XV. Jahrhundert, im „Quattrocento". Gemeinsam ist diesen Territorien nur, daß sie mit Ausnahme weniger größer die Namen der bedeutenderen und mächtigeren Städte tragen, da eben diese sie geschaffen, nämlich

jedoch zugleich die Herrin eines ansehnlichen italischen Hinterlandes; glückhaft geleitet von einem eisern-konsequenten Aristokratenregiment mit einem gewählten Repräsentanten (Herzog — dux, venezianisch doge) an der Spitze. Längst überflügelt sind Venedigs alte Rivalinnen Pisa und Genua; Pisas Seemacht nebst Handel ist von Genua 1284 grausam und endgültig vernichtet, die still gewordene Stadt selbst seit 1409 unter Florenz geraten. Genua aber hat sich in inneren Kämpfen aufgezehrt und schwankt hin und her in den Oberherrschaften aus-

Abb. 68. Prunkhelm des XV. Jahrhunderts.

wärtiger Mächte, besonders von Frankreich und Mailand.

Als legitime, auf altes Recht gegründete Fürstenmonarchie begegnet uns im Nordosten ein noch armes und mit der geistigen und ästhetischen Kultur des übrigen Italien wenig verbundenes Land: Savoyen-Piemont, regiert von seinem uraltdeutschen, aus dem Hause der niedersächsischen Grafen von Walbeck abstammenden, aus den Grafen von Maurienne hervorgegangenen Herzogsgeschlechte, demselben, welches heute als königliches Haus von Italien die Geschicke des mit seiner und des kräftigen, strammen Piemon-

tesenvolkes Hilfe geeinigten Landes lenkt. Nicht mit gleichem Rechte könnte man den uns im XV. Jahrhundert begegnenden Dynastien von Neapel-Sicilien, obwohl sie die alte Königskrone eines monarchischen Landes tragen, Legitimität zuerkennen.

Seit den Zeiten Roberts Wiskards, nach der Mitte des XI. Jahrhunderts, hatten die Normannen sich die Lehnsherrlichkeit über Sicilien nebst Neapel gefallen lassen, welche das von Hildebrand-Gregor geleitete Papsttum aus der Constantinischen Schenkung und ihrer Einbeziehung der „Inseln" fordernd ableitete. 1130 war dann aus dem bisherigen normannischen Herzogtume das Königreich beider Sicilien geworden, seit 1189 nach dem Aussterben der männlichen Königslinie der Gemahl der Erbin, Heinrich VI., und mit ihm das staufische Geschlecht zur Herrschaft gelangt. Gegen König Manfred, den Oheim und Regierungsverweser Konradins belehnte im Jahre 1265 Papst Clemens IV. den Grafen Karl von Anjou, und gegen ihn unterlagen in Verteidigung des ererbten staufischen Rechtes Manfred bei Benevent 1266 und Konradin bei Tagliacozzo 1268. Durch Gewaltstreich erhoben, durch

Abb. 69. Prunkhelm des XV. Jahrhunderts.

Abb. 70. Vorderseite eines Prunkschildes aus der Zeit der Medici.
Original im K. K. Hofmuseum zu Wien.

ehrwürdiger als alle anderen auch ohne die trübe Unterlage der „Constantinischen Landschenkung", das christliche Unicum des Priester- und Kirchenstaates von Rom, der nominell die bis 1870 erhalten gebliebene territoriale Gestalt und Umgrenzung aufwies, thatsächlich jedoch sehr viele kleine Herrschaften in sich schloß, die sich von dem päpstlichen Oberherrn unabhängig hielten; erst Alexander VI. (Borgia) und der große Julius II. haben in den Jahren vor und nach 1500 eine wirkliche oder doch anerkannte Landeshoheit durchgeführt.

Das typische und am meisten verbreitete staatsrechtliche oder vielmehr zunächst nicht staatsrechtliche Gebilde des ausgehenden italienischen Mittelalters und der Renaissance ist jedoch die

Grausamkeit Sieger, verlor das Haus Anjou die Krone auch wiederum durch Usurpation, als eines seiner menschlich sympathischsten Mitglieder sie trug. Seit der sicilianischen Vesper 1282 war die Insel Sicilien in den Besitz des Hauses Aragonien gelangt, das von da aus die Eroberung der unteritalischen Halbinsel vorbereitete und unternahm. Alfons V., sein Recht ableitend von einer 1421 geschehenen Adoption durch die Königin Giovanna II., war derjenige, der René im Jahre 1442 verdrängte: ihm folgte 1458—1494 in Neapel sein unehelicher Sohn Ferrante, während die Insel Sicilien der ehelichen, auch im spanischen Aragonien weiterregierenden Hauptlinie verblieb.

Zu diesen überkommenen Monarchien gesellt sich,

Abb. 71. Rückseite eines Prunkschildes aus der Zeit der Medici.
Original im K. K. Hofmuseum zu Wien.

Abb. 71. Lorenzo bei Medici, Bruder Cosimos. Gemälde von Bronzino.
(Nach einer Photographie von Gebr. Alinari, Florenz.)

„Tyrannis", wie der technische Ausdruck, übrigens ohne jeden Beigeschmack notwendiger Härte und Grausamkeit, lautet: die Herrschaft der aus eigener Kraft emporgekommenen Privatleute. Der wichtigste und ausgedehnteste Tyrannenstaat ist der der Visconti von Mailand, denen König Wenzel, sonst in Italien völlig machtlos, bequem dazu war, um sich von ihm 1395 als Herzöge belehnen zu lassen. Zu Mailand gesellen sich zahlreiche andere, kleinere Tyrannisstaaten sowohl innerhalb wie außerhalb des Kirchenstaates. Von denen der letzteren Kategorie heben wir Mantua

hervor, wo die Gonzaga emporgekommen waren, die Ludwig der Bayer begünstigte und Sigismund — der auch noch allerhand platonische Rechte des Kaisertums auf Italien anwandte und, soweit dort bequem war, Gegenliebe fand — zu Markgrafen und Fürsten erhob. Von denjenigen Tyrannisfamilien, die inmitten der kirchenstaatlichen Grenzen zu Macht gelangt waren, sind als ansehnlicher oder durch Beziehungen wichtiger zu nennen erstlich die Malatesta von Rimini; sie waren dort seit dem XIII. Jahrhundert die Herren, und die Gattin des einen von ihnen war zu Dantes Zeit jene Fran-

Abb. 73. Giovanni dei Medici, zweiter Sohn Cosimos. Gemälde von Bronzino.
(Nach einer Photographie von Gebr. Alinari, Florenz.)

ceca Polenta gewesen, um deren Schuld und blutigen Tod das große Gedicht des Florentiners unvergängliche Poesie gewoben hat. Ferner die Montefeltre, die von diesem ihrem Stammsitz aus früh auch in Urbino sich an die Spitze gebracht hatten und im XV. Jahrhundert, etwa gleichzeitig mit den Medici, durch die Persönlichkeiten ihres Hauses weithin berühmt wurden. Dann zu Ferrara die Este. Ihr uraltes Geschlecht, das, selber germanisch-langobardischer Abkunft, im XI. Jahrhundert zur Erneuerung des nah verschwägerten, erloschenen welfischen Hauses einen Sohn nach Deutschland entsandt hatte, vermag trotz mancher in

seiner Entwicklung hervortretenden Kennzeichen der „Tyrannis" dennoch eine Dynastie mit legitimem Machtursprung genannt zu werden. Herzöge waren sie seit 1452 und zwar von Modena und Reggio durch Verleihung Kaiser Friedrichs III., seit 1470 aber von Ferrara, indem der päpstliche Oberherr sie auch zu dortigen Herzögen erhob. Wie die ebengenannten urbinatischen Montefeltre waren raccomandati, d. h. Schutzbefohlene des mächtigen Florenz auch die Bentivogli von Bologna, die jung im XV. Jahrhundert aufgekommen waren und jenes Anschlusses dringend für ihre Abwehr der päpstlichen Herrschaft bedurften.

Von Städten und städtischen Gebieten, die in der Zeit Cosimos dei Medici sich noch in den älteren republikanischen Verfassungen zu erhalten oder sie wiederherzustellen vermocht hatten, ist außer Lucca besonders das blühende Siena zu nennen, welches mit seinem Bezirk die größte Lücke in der florentinischen Beherrschung von Toskana ausmachte. Erst gegen Ende des Jahrhunderts gelangten auch hier unter Benützung der äußeren politischen Verhältnisse und Anforderungen verschiedene Zwingherren zur Macht, unter ihnen Pandolfo Petrucci, den Macchiavell zum Typus des „Tyrannentums" erklärt. Noch bis 1555 hat es gewährt, bis auch diese Stadt der Herrschaft von Florenz einverleibt werden, und dessen da-

maliger Herr, ein jüngerer Cosimo, in seinem offiziellen Titel nunmehr die Herzogtümer Florenz und Siena vereinigen konnte, aus denen etliche Jahre später, 1569, das „Großherzogtum Toskana" ward.

Indessen wir sind ja noch weit entfernt von diesen späteren Wandlungen und staatsrechtlich geregelten Titeln des Hauses Medici. Vorläufig steht neben den aufgezählten, so mannigfaltigen politischen Gebilden als das weitaus merkwürdigste von allen das durch Verfassung und äußeren Anschein als demokratische Republik gekennzeichnete, aber von einem einzelnen privaten Willen absolut beherrschte Florenz.

Auch aus der äußeren Politik hat der kluge und feinberechnende Mann, dessen

Abb. 24. Denkmal des Marsilio Ficino von Andrea Ferrucci im Dom zu Florenz.
(Nach einer Photographie von Giacomo Brogi, Florenz.)

Wort Florenz beherrschte, Bürgschaften seiner Machtstellung zu gewinnen gewußt. Er ist derjenige, der zwei hochbedeutsame Gedanken in die italienische Gesamtlage eingeführt hat. Sie saßen ja fast alle in angemaßten oder angefeindeten Stellungen, diese größeren und kleineren Staatenbeherrscher Italiens; wechseln des XIV. und des beginnenden XV. Jahrhunderts eine gewisse Stetigkeit in die italischen Verhältnisse gebracht hat. Und die zweite ist sein für die Geschichte der großen europäischen Politik vorbildliches System von dem Gleichgewicht der fünf italischen Hauptmächte: Venedig, Mailand,

Abb. 75. Denkmal des Bartolomeo Colleoni in Venedig, modelliert von Verrochio.

sie alle hatten unterlegene oder vertriebene Parteien zu fürchten. Nun ist es Cosimo gewesen, der eine Art Kartell unter ihnen begründet hat, ein Einverständnis, sich gegenseitig am Ruder zu erhalten und an keinem einzelnen Orte einer Oppositionspartei wieder zu Kräften zu verhelfen. Dies ist die Schöpfung, durch welche er nach den fast unentwirrbaren Umwälzungen und Glücks Kirchenstaat und Neapel mit dem ausschlaggebenden Florenz in der Mitte. Dazu kommt dann noch, daß viele dieser auswärtigen Fürsten und Herren, und ihre Frauen außerdem noch wieder für sich, die mediceische Bank nicht entbehren konnten. Das Haus Cosimos war fortan nicht mehr allein durch die wohltemperierte Verwendung seiner städtischen Anhänger, sondern zugleich durch jene

Lucrezia

Abb. 76. Vorder- und Rückſeite einer Denkmünze mit dem Bildnis des Lorenzo Magnifico.
Im Königl. Münzkabinett zu Berlin.

auswärtigen Garantien befeſtigt. Niemals
vorher oder nachher haben Kapital und Klugheit unter völliger Abweſenheit der ſonſt
augenfälligſten Machtquelle, der diademge-
ſchmückten Legitimität, ſo elementar ſich als
Regierung und große politiſche Stellung
nach innen und außen durchzuſetzen vermocht.

Im ſchließlichen Ergebnis hat Coſimo
mit obigen beiden Hauptgedanken ſeiner Politik den beabſichtigten Erfolg durchaus erreicht. Aber ſie bedurften Zeit, um wirk-
ſam zu werden, und gleich von vornherein,
ſeit ſeiner Übernahme der thatſächlichen Regierung, konnten auswärtige Verwickelungen
und deren Rückwirkung auf die ſtädtiſche
Stimmung durch ſie
noch nicht gebannt
werden. 1440 war
Coſimo nicht in der
Lage, zu hindern,
daß die Umtriebe
der Exilierten auch
ihn in den Hader
zwiſchen Mailand
und Papſt Eugen
zogen; in dem nun
ausbrechenden allge-
meinen Kriege ſtan-
den der Kirchenſtaat,
das den Papſt be-
herbergende Florenz
und das dieſem be-
freundete Venedig
gegen die Visconti.
Den baldigen Front-

Abb. 77. Bildnis der Clarice Orſini, Gemahlin Lorenzos.
Denkmünze in den Uffizien zu Florenz.

wechſel Eugens haben wir ſchon erwähnt,
dazu ſtarben 1447 die Visconti aus, und
das Herzogtum Mailand befand ſich in
ungewiſſeſter Lage. Die Stadt ſelber er-
klärte ſich wieder als Republik, das Gebiet
drohte auseinander zu fallen. In dieſer Lage
unternahm es, Herr von Mailand zu werden, ein kühner Mann, deſſen Großvater
noch ein romagnoliſcher Bauer geweſen war,
der jedoch ſelber die natürliche Tochter des
letzten Visconti, Bianca Maria, hatte heim-
führen können; das iſt Francesco Sforza.
Er war ein Condottiere, einer jener Söld-
nerführer, wie ſie im damaligen Italien
als Feldhauptleute und Unternehmer Truppen
warben und ſich mit
ihnen, je nachdem
Lohn und Ausſicht
winkten, bald für
dieſes, bald für jenes
Intereſſe in die
Kriegshändel war-
fen. Mailand in
ſeinen Jährlichkeiten
von 1417 konnte
nicht umhin, ſeine
Dienſte anzunehmen.
Coſimo von Florenz
hatte zu ihm ein ge-
wiſſes Verhältnis,
da der Sforza auch
ſchon für Florenz
gefochten hatte, und
ſeine Politik des ita-
lieniſchen Gleichge-

wichts mußte verhindern, daß Venedig die Mailänder Wirren zu eigener lombardischer Vergrößerung nutze. So schwenkte also die Florentiner Politik zu Gunsten des Emporkömmlings um, und im Jahre 1450 konnte sich der Feldhauptmann der Mailänder in ihren Herzog verwandeln. Wenn etwas zum Beweise nötig wäre, wie wenig trotz aller Verfassungsbeteuerungen in den damaligen italienischen Staaten die wirkliche Volksstimmung mitregierte, so dienen dazu solche hastigen Vertauschungen von Verbündeten und Gegnern in der äußeren Politik, wie sie eben nur der persönlichen Kabinettsregierung möglich und eigen sind. Neue Freundschaften, dementsprechend auch neue Feindschaften: im Jahre 1452 standen Venedig und Neapel gegen Florenz und Mailand. Diesmal führte ein großes weltgeschichtliches Ereignis zu unvermutet raschem Frieden: am 28. Mai 1453 erstürmten die

Janitscharen Mohammeds II. die griechische Kaiserstadt.

Es kam nicht unerwartet und war auch nicht einmal der letzte Aktschluß des langen trübseligen Dramas, denn dem Paläologenkaiser blieb auch jetzt

noch ein kleines Gebiet mit Thessalonich und ferner das byzantinische „Despotat" im Peloponnes; aber es war das Ereignis, welches auf Europa am handgreiflichsten wirken mußte. Beben ging durch die Christenheit, es war, als hätte das Pochen des Todesboten an den eigenen Pforten des Abendlandes gedröhnt. Ein Impuls der Solidarität, des Verzweiflungskampfes gemeinsamer Notwehr überkam die romanischen und germanischen Staaten, eine Scham über ihre kleinen Kriege. Venedig war überdies als die Besitzerin von Korfu, Kreta und Negroponte am allernächsten bedroht: so kam man zu raschem Ende des Krieges in Italien. Und damit war und blieb für Florenz die Periode des wirklichen Friedens unter Cosimos Obhut erreicht.

In allen äußeren Schwierigkeiten hatte dieser doch glücklich verhindert, daß in Florenz selbst ein günstiger Umschwung für die Verbannten von 1434 aufkommen konnte. Dem hochbetagten Palla

Abb. 80. Einzelteil von Verrocchios Sarkophag Pieros bei Medici.
(Nach einer Photographie von Gebr. Alinari, Florenz.)

Strozzi blieb verweigert, in seiner Vaterstadt zu sterben; ihm schien der Tod zögern zu wollen, bis sich jenes sein traurig letztes Sehnen erfüllen könne, aber unerbittlich ward seine Verbannung immer wieder nach Bedarf verlängert. Der Sohn deſſen, der einst der begütertſte Mann in Florenz geweſen, Lorenzo Strozzi, friſtete ein beſcheidenes Leben in der Verbannung durch Unterricht und entging dem Dolchſtoß des Meuchelmörders dennoch nicht. Edelgeborene Frauen der Florentiner Geſchlechter erbettelten Almoſen in der Frembe.

Die Gegner Cofimos und ſeines Syſtems waren tot oder blieben in der Verbannung; diejenigen, die vor 1434 nichts für und nichts wider ihn gethan hatten, ſchloſſen ſich dem mächtigen Manne an, mit dem Freund zu ſein ſo klug und perſönlich ſo

anziehend war. Cofimo ſelber verharrte, obwohl es nur noch Anhänger, keine Oppoſition, kein Gegengewicht zu geben ſchien, in vorſichtigſter Ruhe und ſtreng nach außen gewahrter Nichtbeteiligung. Das hinderte ihn nicht, wo eine einzelne dreiſte oder thörichte Herausforderung ſich vernehmen ließ, raſchen Griffs zu ſorgen, daß ſie ſtill ward. Mancher von anſehnlichen Leuten iſt in dunkler Blutthat verſchwunden, ein Feldhauptmann der Stadt im Signorienpalaſt niedergehauen worden. Der Herr der Republik war völlig frei von jener Luſt der Grauſamkeit, die manchen Zeitgenoſſen nicht mehr losgelaſſen hat; er war, wie ſchon geſagt, nicht ohne ein Gewiſſen, aber auch ohne eingeſtandenes Mitleid oder Bedauern über Gewalt- und Exilmaßregeln. Als einige aus ſeiner näheren Umgebung ihn

beforgt fragten, ob die alten vornehmen Namen der Stadt nicht gar zu auffällig aus dem öffentlichen Leben verschwänden, beruhigte er sie mit ironischem Lächeln: wie sie ja selber wüßten, ließen sich mit ein paar Ellen seinen Scharlachtuches immer wieder stattliche Bürger herstellen.

Je nachdem es die Lage erforderte, sandte er mittels der Wahlen entweder seine bedächtigeren Vertrauensleute oder die Heißsporne der Partei in die regierenden Stellen. Letzteres war besonders gegen das Jahr 1458 erwünscht geworden. Es hatte dem Medici nicht entgehen können, daß respektloses Gerede über sein Regiment aufzukommen begann, selbst über sein bestes und würdigstes Mittel, die Verschönerung der Stadt: das

gefragt worden sei. Und schließlich kam es, sehr zu seinem baldigen Schaden, auch dem Pitti selber so vor.

Was Cosimo sich persönlich als Mitarbeit an den Staatsgeschäften vorbehalten hatte, das war die Aufsicht über die Steuerverteilung. Dadurch hatte er alle in der Hand, erstlich, indem er mit Lasten drückte, wo er wollte, zweitens noch weit mehr, indem er Steuerhinterziehungen hingehen ließ, aber die Beweise sorglich verwahrte. Dies vorzüglich war das Mittel, seiner Werkzeuge und näheren Umgebung stets versichert zu sein. Guicciardini nennt das Steuerwesen den stets bereiten scharfen Dolch in des Medici Hand.

Wer würde aber auf die Frage ant-

Abb. 71. Vorder- und Rückseite der Denkmünze des Antonio Pollaiuolo auf die Verschwörung der Pazzi. Im Königl. Münzkabinett zu Berlin.

sei ja alles nur Absicht und Eitelkeit, und überdies baue Cosimo (was nicht zutraf) aus öffentlichen Mitteln. Da legte er in dem genannten Jahre das Gonfalonierat einmal in die Hände des Luca Pitti. Auf den konnte er sich verlassen, daß er sich als Schreckensmann herrlich gefallen werde, und richtig brachte dieser wieder tiefe Stille und gänzliche Abneigung gegen unnötiges Politisieren in die Florentiner. Niemand hätte Anhaltepunkte gehabt, um Cosimo als den Urheber zu bezeichnen, für den und durch den so mit Gewaltthat und Bedrohung gewütet worden war; ja, nicht einmal die heimliche Vermutung fand den richtigen Weg, vielmehr hielten diejenigen, die immer das Gras wachsen hören, den Gonfaloniere von 1458 für einen Staatsmann von hervorragender Selbständigkeit und Energie und glaubten ihr besonderes Teil dabei denken zu sollen, daß Cosimo von ihm so wenig

worten wollen, wie sie besonders eine an absolutes Wissen und noch an — Censuren gewöhnte Jugendlichkeit zu erheben pflegt: ob Cosimo gut oder schlecht war? In dem gleichen Manne, der so kalt und rücksichtslos nur klug war und darum an der Herrschaft blieb, finden wir ja auch alle die Eigenschaften, die den Namen Medici über die anderen hoch hinausheben, und dazu weitere, die, wenn nicht verehrungswürdig, doch im höchsten Maße menschlich sympathisch sind. Und hinzu gesellt sich die Teilnahme, die durch herbes persönliches Leid erweckt wird. Seinen unersetzlich treuen Bruder Lorenzo (Abb. 72) verlor Cosimo schon 1440, sein ältester Sohn Piero war kränklich, den zweiten, Giovanni (Abb. 73), nahm ein früher Tod 1463 hinweg. Fassungslos und ruhelos schlich der alte Mann in seinen Zimmern umher und klagte, wie das Haus so entsetzlich leer sei.

Abb. 83. Giuliano bei Medici. Gemälde von Sandro Botticelli im Königl. Museum zu Berlin.

Übrigens blieb ihm außer Piero noch ein Sohn Carlo, das Kind einer Cirkassierin, die 1427 als 22jährige Sklavin zu Venedig für den Medici um sechzig Dukaten gekauft worden war. Dem freundlichen Leser wird schon aufgefallen sein, daß die bei den mitauftretenden Personen jener Zeit so häufige uneheliche Geburt fast gar nicht störte, wie denn z. B. auch die Söhne von Päpsten zahlreich waren und zu hohen geistlichen und weltlichen Ämtern gelangten. Auch fernerhin wird dieses Sittenkapitel so oft gestreift werden müssen, daß ein paar

charakterisierende Worte notwendig sind. Die frühmittelalterliche Auffassung, die hier noch nachklingt, verlangt Treue nur von der Frau und behandelt weder die Existenz von Nebenfrauen, noch von deren Kindern als Geheimnis oder Makel; große Herrscher wie Theoderich der Große, Karl Martell, Arnulf sind von Kebsen geboren, der Titel Bastard ist oft mit Stolz geführt worden. Die Renaissance veränderte diese überlieferte, wenn auch durch die christliche Moral mit langsamem Erfolg bekämpfte Anschauung insofern, als erstlich für sie die christliche

Gemälde von Sandro Botticelli im Königl. Museum zu Berlin, aus dem Palast der Medici stammend.
Herkömmlich als Bildnis der von Giuliano dei Medici geliebten Simonetta Vespucci bezeichnet

Sittenauffassung wieder zurücktrat und die Antike mit Litteratur und Beispiel, besonders dem ihrer Komödien, eine leichte Auffassung in ehelichen Dingen eher zu rechtfertigen schien, aber zweitens nun auch, was ganz neu war, die Frau mit dem ganzen Vollgefühl der Persönlichkeit und Individualität, das diesem Zeitalter eigen ist, mit der gleichen Bildung und Erwachsenheit den Anspruch erhob entweder auf Treue des anderen Teils oder — leider fast noch lieber

wohlsten war ihm, wenn er draußen im Garten von Careggi okulierte und Zweige ausschnitt, ja selbst im Rebstück sich plagte. Die üblichen Possenreißereien der Gaukler, die seit dem Altertum her so unverwandelt wie nichts in der ganzen Weltgeschichte die Völkerwanderung und alle sonstige Veränderung in Zeit und Kultur überdauert hatten und immer noch zur geselligen Unterhaltung notwendig schienen, hielt er sich fern, wie überhaupt nach Möglichkeit jede Trivia-

Abb. 54. Palazzo Strozzi zu Florenz. Rückseite.
(Nach einer Photographie von Giacomo Brogi, Florenz.)

— auf das eigene Recht zur Untreue. Dies ist der Schlüssel zum Verständnis der Zeit und ihrer krisenhaften Unsittlichkeit. Erst durch das trübe negative Stadium der beiderseitigen überzeugungstreuen Mißhandlung des Ehebegriffs hindurch hat das ernstere und sittenstrenge XVI. Jahrhundert eine gehobene Auffassung von der Ehe und der unantastbaren Vereinigung von Treue mit Treue zur allgemeinen Geltung gebracht.

Einer der anziehendsten Züge im Wesen Cosimos ist seine natürliche und ungemachte Einfachheit. Prunk war ihm zuwider; am

lität. Er spielte auch nicht, obwohl die Hazardwut alles ergriffen hatte, die noch heute in dem Lotteriefanatismus des Italieners ihre Fortsetzung findet. Er hatte die größte Ansicht vom Werte der Zeit und ertrug den Verlust selbst von wenigen Minuten sehr schwer. In der Regel war er schweigsam und ernst. Die sicher treffende Ironie seiner Antworten aber war gefürchtet. Doch sprach er nie schlecht von Abwesenden, noch duldete er, daß andere es thaten.

Man konnte sich auf ihn persönlich verlassen, und seine geschäftliche Solidität war

so unverbrüchlich, wie die Feinheit seiner Ge-
schäftsleitung bewundernswert. Die übrigen
Bankhäuser sahen in dem der Medici nicht den
übermächtigen Konkurenten, sondern erblickten
den eigenen Vorteil darin, mit den Medici
Geschäfte zu machen und somit deren Gewinn
und Macht stets noch steigern zu helfen.

Eine der wertvollsten Schöpfungen Cosimos, die hier noch zu erwähnen bleibt, ist
die Platonische Akademie. Sie ist das
sichtbare Ergebnis der Anregungen aus der
Zeit des Florentiner Konzils und der von
dort aus durch die Humanistenwelt von
ganz Italien verbreiteten Bewegung, die die
schönste Blüte der altgriechischen Kultur im
Platonismus wiederfand. Die Pflegstätte,
die Cosimo diesem schuf, war eine zwang-
lose Tafelrunde, die um ihn zu schöner
Disputation geschart, sich am liebsten in der
Badia von Fiesole, aber auch in Careggi

oder wo sonst die Gelegenheit es gab, ver-
sammelte. Cosimo selbst hatte auch den
zukunftverbürgenden Geist herausgefunden,
der diese Platonischen Studien vertiefen, sie
auf echtere Quellengrundlage stellen und somit das einstige Haupt der gelehrten Un-
ternehmung werden sollte. Das ist Marsilio Ficino (1433—1499, Abb. 74),
die edelste Erscheinung unter den litterarischen
Freunden der Medici. Nach ihren übervollen
Spenden hat Marsilio keine Hand erhoben; er
waltete, treu seinem ursprünglichen Berufe, in
genügsamster Lebensführung als ein Priester,
der, wie wenige in dieser Zeit einer an
Haupt und Gliedern höchst reformbedürftigen
Kirche, seinem Amte redlich und rein vor-
stand, und der somit auch in seinem äußeren
Leben dokumentiert, was er innerlich zu
einer bestimmten Weltanschauung in sich
verarbeitet hatte: die Verwandtschaft und

Abb. 85. Moderne Faßade des Domes zu Florenz.
Nach einer Photographie von Giacomo Brogi, Florenz.

Abb. 86. Villa von Poggio a Cajano.
(Nach einer Photographie von Giacomo Brogi,
Florenz.)

eigentliche Identität des Platonismus und
der Lehre Chriſti.

Man denke, was Coſimos eigenen Anteil anlangt, nicht an gutgemeinten oder
nach Ruhm haſchenden Dilettantismus. Es
iſt ein unanfechtbares Zeugnis, ſoviel es
auch in ſich ſchließt, wenn Marſilio Ficino
ſchreibt: „Über zwölf Jahre habe ich mit
ihm philoſophiſche Unterredungen geführt,
und er war ſo ſcharfſinnig im Disputieren,
wie weiſe und kräftig im Handeln. Ich
verdanke Plato viel, nicht weniger verdanke
ich Coſimo.“

Mit dem Eintritt ins 70. Lebensjahr
begann der Lenker von Florenz zu kränkeln.
1459 vertrat er zum letztenmale perſönlich
die öffentliche Gaſtlichkeit der Stadt. Damals kam von der Mantuaner Verſammlung, die den allgemeinen Kreuzzug aller
Chriſtenheit gegen die Türken einleiten ſollte,
eine Anzahl vornehmer Herren nach Florenz
herüber, um dort den Papſt Pius II., d. i.
Äneas Silvius Piccolomini, unterwegs ab-
zuholen. Dergleichen Beſuche waren damals
keine Kleinigkeit, z. B. hatte der Sohn

Abb. 87.
Aus den Anlagen von Poggio a Cajano.
(Nach einer Photographie von Giacomo Brogi, Florenz.)

Abb. 63. Aus Poggio a Cajano.
(Nach einer Photographie von Gebr. Alinari, Florenz.)

Francesco Sforzas allein ein Gefolge von 350 Pferden mitgebracht, und eine ebenso quantitative Ansehnlichkeit wurde auch von der Aufnahme erwartet. Cosimo gab ein Turnier auf dem mercato nuovo, dem Neuen Markt, und eine Schaujagd mit Löwen und Giraffen auf der Piazza Santa Croce (die jetzt durch das mitten darauf gestellte Denkmal Dantes verdorben ist); bei der Festtafel erhielten die Gäste zu massiver Ehrenbezeugung das silberne Tafelgeschirr mitgegeben — die Erinnerungsgabe für den jungen Sforza wog z. B. 125 Pfund —, dann aber mußte sich Cosimo vor Erschöpfung legen, und als der feinsinnige Pius II. selber kam, den zu sprechen ihn interessiert hätte, sich entschuldigen lassen.

Fortan überließ er die Repräsentation den Söhnen, bis Giovanni starb. Von diesem Schlage erholte er sich nicht wieder, und im nächsten Sommer, den man wie gewöhnlich in Careggi verbrachte, ging es schnell abwärts. Ein Testament wollte Cosimo niemals machen, und glücklich sprach er aus, daß er sich jederzeit habe sagen dürfen, die

Eintracht der Seinen mache es unnötig. Am 1. August 1464 nachmittags nach der vierten Stunde verschied er, nachdem er zur letzten Beichte und zum Empfange der Sterbesakramente noch einmal aufgestanden war. Sein Tod war leicht und schön, war der nicht mehr aufgeschoben gewünschte Abschluß der inneren, ihn tief bewegenden Abrechnung über sein ganzes Leben, der er seine letzten Monate gewidmet hatte.

Die Regierung von Florenz beschloß, den verstorbenen Bürger durch den Titel eines Pater Patriae zu ehren. Dieser steht auch in der kurzen Grabschrift, die unter der Vierung der Kirche von San Lorenzo in den Marmorfußboden eingelegt ist. Darunter in der Gruft, also nicht wie seine Eltern und Nachkommen in der Sakristei, ruht Cosimo und mit ihm vereint der große, den Medici befreundete und um San Lorenzo durch zahlreiche Werke verdiente Künstler, Donatello. —

Piero dei Medici hatte zunächst nicht das Gefühl, daß er nun selbstverständlich Herr von Florenz sei. Sonst hätte er wohl etwas anderes in sein privates Gedenkbuch eintragen müssen, als daß der verstorbene Vater „der angesehenste und einflußmächtigste Bürger gewesen sei, den die Stadt seit lange gehabt habe." Er hatte eher die Empfindung einer nun abgelaufenen Episode. Überhaupt ist von Machtbegierde in ihm am wenigsten unter den Medici; dafür mehr Bedürfnis, freundlich von Herzen und offen zu sein. Seine Gattin war Lucrezia Tornabuoni (Einschaltbild zwischen S. 64 und S. 65) aus einem altadligen, aber um der Ämter willen zu den Popolanenfamilien übergetretenen Geschlecht, nach dem noch jetzt eine der wichtigsten und schönsten Straßen von Florenz heißt. Lucrezia gehört, wenn auch mit bescheidenerem Verdienst, zu den vielen Dichterinnen dieser Zeit. Ihre Muse war sanfter religiöser Lyrik und der Bearbeitung biblischer Stoffe gewidmet, aber sie versäumte auch nicht, fördernd und bestimmend auf die Dichter einzuwirken, die ihr Gemahl und später ihre Söhne in das Haus brachten. Sie hatte dabei Klugheit und Geschmack genug, diese Männer zu Thematen anzuregen, die nicht ihrer eigenen, sondern deren Eigenart und Begabung angepaßt waren.

Piero hat das politische Erbe fast ohne sein Zuthun angetreten. Die öffentliche Ehrenstellung seines Vaters, wie man sich ausdrückte, wurde auf ihn ohne weiteres übertragen. Freilich die Unangreifbarkeit des Regiments, wie sie seit 1434 ein Menschenalter lang bestanden und höchstens einmal eine Unbesonnenheit zu hindern gehabt hatte, hat Piero nicht aufrecht erhalten. Das volle Maß von Cosimos weitblickender Klugheit, feinfühliger Zurückhaltung, zuverlässiger Solidität und rücksichtsloser Herzenskälte haben die Nachfolger überhaupt nicht wieder erreicht. Bald hatte Piero hier und da Vertrauen geschenkt, auch einen Ratgeber zugelassen;

daraus erwuchsen bei anderen allmählich der Gedanke an die Möglichkeit, sich seiner überhaupt zu entledigen, und eine Verschwörung, in der besonders der hochgeschwellte Luca Pitti thätig war. Es war ein Augustmorgen des Jahres 1466, da traf der siebzehnjährige Lorenzo bei einem Spazierritt nahe an Careggi Leute, die ihn in höchst verdächtiger Weise nach seinem Vater fragten. Er sagte ihnen ruhig, sie sollten hier nur warten, Piero käme bald vorbei, da er sich in seiner Sänfte nach Florenz tragen lassen wolle. Dann benachrichtigte er den Vater, beide eilten auf anderem Wege schleunigst in die Stadt, und es gelang glücklich, die Gegner ihrerseits zu überrumpeln, die zu viele Führer statt eines hatten und mehr zum gegenseitigen Zanken als zum Handeln gediehen waren. Trotzdem war es höchste Zeit für die Medici gewesen, denn die Truppen der Gegner standen kampfbereit in den Stadtteilen links vom Arno,

Abb. 47. Aus Poggio a Cajano.
(Nach einer Photographie von Gebr. Alinari, Florenz.)

wo die Quartiere der Pitti ſich befanden, und auch nach auswärts waren drohende Verbindungen angeknüpft.

Wer Venedig kennt, dem wird auch der etwas verſteckt gelegene Platz am ſtädtiſchen Hoſpital unvergeßlich ſein. Dort erhebt ſich auf hohem, ſchmalem Marmorpoſtament das ſchönſte Reiterſtandbild, das je geſchaffen und von keiner Großartigkeit oder — Schwülſtigkeit jüngerer Zeiten wieder erreicht worden iſt. Schon die Kühnheit des Sockels gibt dem Ganzen eine unvergleichliche Wirkung. Droben aber ragt in Erz aus dem ſchweren Bockſattel des Streitroſſes und ſcheint ſich zugleich in den Bügeln zu heben ein gepanzerter Mann, gebieteriſch in Geſtalt, Haltung und Miene, das Bild eines unbeſieglichen Bezwingers. Das iſt, von dem Florentiner Verrochio modelliert, das Denkmal des Condottieren Bartolomeo Colleoni (Abb. 75).

Nach glänzenden Kriegsthaten in ganz Italien meiſt für, zuweilen gegen Venedig, lebte dieſer, im Jahr 1400 geboren, auf dem Schloſſe Malpaga nahe ſeiner Vaterſtadt Bergamo, ſteinreich durch den glücklichen Ausfall ſeiner Unternehmungen, aber grollend in der unverwüſtlichen Kraft ſeiner 66 Jahre über das einſt völlig Unbenkbare, den Friedenszuſtand von Italien. An ihn, der

die Schuld an ſeiner Unthätigkeit der Florentiner Gleichgewichtspolitik der Medici zuſchreiben durfte, hatten ſich die Verſchworenen gewandt, und er war mit Feuereifer bereit. Auch als dann der Anſchlag in Florenz ſo kläglich mißlang, wollte er ſeinen friſchen fröhlichen Krieg nicht miſſen, brach los und ging am 10. Mai 1467 über den Po. Venedig, das Coſimos Abfall zu Mailand und dem Sforza nicht mehr verzieh, begünſtigte ſeinen alten Condottieren; Florenz hatte außer Mailand und dem Papſt durch das diplomatiſche Geſchick des jungen Lorenzo, Pieros Sohn, der ſelbſt nach Neapel eilte, auch den König Ferrante als Verbündeten gewonnen. Ihr Bundesfeldherr war Herzog Federigo von Urbino, deſſen Kriegsruhm kaum geringer als der Colleonis war. Ihre Liga war mächtig genug, aber ſo waren einmal dieſe italieniſchen Häupter, daß ſie ſich wohl verbündeten, aber doch einer dem anderen weder traute, noch einen Erfolg gönnte. Für die einzige Schlacht, die ſie ſchlugen, und die eher für Colleoni als für die Verbündeten günſtig war, mußte die Gelegenheit benutzt werden, als der Mailänder Herzog Galeazzo Maria, der Sohn Francesco Sforzas, abweſend war. Er war aus dem Lager nach Florenz gegangen, um

Abb. 91. Sandro Botticelli. Selbstbildnis in seiner Anbetung der heiligen drei Könige.
(Nach einer Photographie von Gebr. Alinari, Florenz.)

sich bei den Medici Geld zu holen (was er ihnen mit zartem Geschmack auf die Weise andeutete, daß er einen klaffenden leeren Geldbeutel an den Gürtel gehängt trug). Es war keine Freude und keine Entscheidung in diesem Kriege, und als im April 1468 zu Rom auf dem Kapitol Friede gemacht wurde, blieb alles beim alten. Die Verschwörer gelangten nicht nach Florenz zurück, und Colleoni saß wieder auf seinem Schlosse, wo er nach sieben Jahren gestorben ist. Das Denkmal in Venedig hat er sich mit einer glänzenden testamentarischen Schenkung an die Stadt bedungen. Er wollte es auf dem Markusplatze haben, aber wer die un-

gestörte Wirkung schöner Plätze liebt, der wird, so sehr er dem tapferen und ehrenhaften Manne das Denkmal in der befreundeten Stadt gönnt, den Venezianern nicht zürnen, daß sie die Bedingung zu brechen auf sich genommen und Verrocchios Werk vor der Fassade der alten Scuola di San Marco, des jetzigen Spitals, aufgestellt haben. Dadurch hat es in schönster Weise die für alle Standbilder vorteilhafte, wenn nicht notwendige architektonische Anlehnung.

Einen Hauptteilnehmer an der Verschwörung hatten die Medici übrigens begnadigt: das war Luca Pitti. Sie wußten, warum sie sich diese augenfällige Großmut

Abb. 27. Frühling. Gemälde von Sandro Botticelli in der Accademie zu Florenz.
(Nach einer Originalphotographie von Braun, Clement & Cie. in Dornach i. E., Paris und New York.)

erlaubten: er war und blieb seitdem ein toter
Mann, sein auf Wichtigthuerei gegründetes
Ansehen und sein Kredit waren zu Ende,
und der in seinen edlen Verhältnissen so
herrliche Palast, den er nach Brunelleschis
Plänen begonnen hatte, blieb unvollendet,
bis ihn im XVI. Jahrhundert andere Besitzer, die jüngeren Medici, zum Fürstenpalast
ausgebaut und durch Seitenflügel über den
ursprünglichen Plan erweitert haben.

Im Jahre nach dem Frieden besuchte
Lorenzo den Herzog Galeazzo Maria, um
bei einer Kindtaufe in dessen Hause seinen
Vater als Paten zu vertreten. Der zart-
sinnige Mailänder Freund war sehr zu-
frieden gestellt, als der junge Medici der

erster Kindheit an auf die Entwicklung
seiner reichen Fähigkeiten ausschließlich ein-
gewirkt, all das Künstlertum, das von dem
Großvater und den Eltern herangezogen
wurde, hat ihn mit seinen Schöpfungen
umgeben und seine Sinne gebildet.

Freilich weder als Kind, noch als Er-
wachsener ist dieser Mann, in dem aller
Sinnenschönheit Kult und alle Geistesanmut
der Renaissance sich verkörpern sollten, selber
von anziehendem und erfreulichem Äußern
gewesen. Die launische Natur, die seinen
jüngeren Bruder Giuliano liebevoll ausstattete, gab Lorenzo grobe, eckige Züge,
eine eingedrückte Nase, fahle Gesichtsfarbe;
die Sehkraft der Augen war schwach, der

Abb. 95. Mars und Venus. Gemälde von Sandro Botticelli in der Königl. Nationalgalerie zu London.
(Nach einer Originalphotographie von Braun, Clément & Cie. in Dornach i. E., Paris und New York.)

Herzogin Bona eine Goldkette umhing und
einen sehr kostbaren Diamanten einhändigte.
Er bat auch auf der Stelle, Lorenzo möge
doch alle seine künftigen Kinder aus der
Taufe heben.

Jedoch wir haben begonnen, das Mit-
eintreten von Pieros Sohne in die politische
Welt zu berühren, ehe wir noch das Vorher-
gehende von ihm berichtet haben.

Lorenzo dei Medici (Titelbild und Abb.
76 und 79), für dessen dem üblichen
Ceremoniell entrückte Stellung man später
die Anrede der Magnificenz schuf, und dem
davon der unterscheidende Zusatz Magnifico
geblieben ist, ist am 1. Januar 1449 als
ältester Sohn Pieros geboren worden. So
ist der Knabe noch unter des Großvaters Augen und Erziehungsfürsorge herangewachsen. Geist und Schönheit haben von

Geruchsinn überhaupt mangelnd, die Stimme
ohne Wohlklang. Indessen die Selbsterziehung
und stete Aufmerksamkeit auf sich, die der
Jüngling und Mann sich aufzwang, haben
diese Mängel, obwohl die ästhetisch so reiz-
bare Zeit solche viel schwerer als sittliche
und Charakterfehler zu verzeihen geneigt
war, durch Haltung und Ausdruck zu be-
siegen, sie fast vergessen zu machen gewußt.
So war er auch ausgezeichnet in körper-
lichen Übungen, ein eleganter Reiter, überhaupt in all dem vielfältigen und geschmackvollen Sport dieser auf allseitige Ausbildung gerichteten Zeit ein vor anderen
glänzender junger Bürger.

Man hat ihn früh verheiratet; mi su
data, sagt Lorenzo von seiner Gemahlin in
seinen Ricordi, seinen Aufzeichnungen, als
er seine Eheschließung erwähnt; warum

hätte er auch anders sagen sollen, als „man gab sie mir", da es doch immer so geschah? Damals wie heute ist das in romanischen Ländern die selten durchkreuzte Regel bei den auf eine herkommengeheiligte Zweckmäßigkeit haltenden Familien gewesen. Nicht er, sondern seine Mutter war nach Rom gereist, um die Auserkorene persönlich kennen zu lernen. Es war eine glänzende Verbindung, als die Hand von Clarice Orsini (Abb. 77) dem Sohne der jungen Florentiner Machthaberfamilie zugesagt ward, denn seit langen Jahrhunderten des Mittelalters hatte sich die Geschichte der Stadt Rom um die beiden Namen Orsini und Colonna gruppiert. Dem gab denn auch der Empfang der jungen Frau durch die Florentiner Ausdruck. Bei der Trauung in Rom war übrigens der Bräutigam fern, statt seiner stand, einer bei fürstlichen Vermählungen häufigen Sitte gemäß, ein Vertreter vor dem Altar, der

mit den Medici verwandte Erzbischof von Pisa. Danach verblieb die Gattin Lorenzos noch ein halbes Jahr bei den Ihren. Erst am 4. Juni 1469 hielt Clarice mit reichem Gefolge ihren Einzug in die Stadt am Arno; ganz Florenz sowie die Städte der toskanischen Herrschaft hatten Geschenke und Abordnungen gesandt. Sie trug ein Kleid von Brokat in Gold und Weiß und ritt das von dem Könige von Neapel dargebotene Pferd; am Palazzo Medici empfingen sie mit der Familie zugleich dreißig junge Florentinerinnen und eine gleiche Anzahl von Brautführern, und nun folgte eine abermalige Hochzeitsfeier. Zweihundert Gäste saßen jeweils an der Hochzeitstafel, die drei Tage hindurch erneuert ward, dazu war in den Nebenräumen des Palastes und bei einem Verwandten fortwährend für tausend Personen gedeckt, um Gratulanten zu speisen. Tanz und Lustbarkeiten wechselten mit den

Abb. 96. Die Anbetung der heiligen drei Könige. Gemälde von Sandro Botticelli in den Uffizien zu Florenz. Nach einer Photographie von Giacomo Brogi, Florenz.)

Abb. 96. Selbstbildnis des Filippino Lippi. In den Uffizien zu Florenz.
(Nach einer Originalphotographie von Braun, Clément & Cie. in
Dornach i. E., Paris und New York.)

Mahlzeiten und am britten Tage beschlossen nach der Messe in San Lorenzo ein Turnier und ein nochmaliger Umritt die Feier.

So ward die Verbindung der Medici und der Orsini begangen. In der Weise der Zeit und nicht einmal mit außergewöhnlichem Geldaufwande; man hatte dies Programm sogar unter dem Gesichtspunkt aufgestellt, der Bürgerschaft das Beispiel einer vornehm-einfacheren Hochzeit bieten zu wollen.

Ihrem Gemahl ist die Römerin eine vortreffliche, in Dankbarkeit und Liebe von ihm verehrte Lebensgefährtin geworden. Das klingt denn auch auf anderen Blättern jener Aufzeichnungen in unwillkürlichen Bezugnahmen wieder, so begreiflich an sich die Scheu autobiographischer Dokumente ist, über die eigene Ehe Worte zu machen.

Wie die Zeit war, verlangte sie nicht, daß Lorenzo über dieser, für seine Familie so ehrenvollen Eheverbindung das Gedenken seiner Jugendliebe, der Lucrezia Donati,

begrabe oder die Gedichte vergesse, in denen er sie voll zarter Schwärmerei besang. So wenig peinlich dachte man über dergleichen, daß gerade bei der Hochzeitsfeier von eifrigen Schmeichlern eben jene Verse Lorenzos gepriesen und citiert werden konnten. Und Lorenzo seinerseits hat den dichterischen Kultus der Lucrezia ganz ähnlich ohne Scheu fortgesetzt, wie Dante, der Gatte der Gemma Donati, niemals aufgehört hat, Beatrice Portinari, die er als neunjähriger Knabe gesehen und seitdem geliebt hatte, im Leben und im Tode in innigster und erhabenster Poesie zu verherrlichen, und wie Petrarca, der wohl noch direkter das äußere Vorbild Lorenzos gewesen ist, seine Laura im Liede feierte. Auch Lucrezia Donati war die Geliebte des Dichters und nicht des Menschen Lorenzo und konnte alles bleiben, was sie ihm je gewesen war.

Wenige Monate nach jener Hochzeitsfeier, am 3. Dezember 1469, standen Lorenzo und

Hevd, Die Mediceer.

6

Abb. 96. Die Anbetung der heiligen drei Könige. Gemälde von Filippino Lippi in den Uffizien zu Florenz. Mit Porträts aus der jüngeren Linie der Medici. (Nach einer Photographie von Giacomo Brogi, Florenz.)

Giuliano am Sterbebett ihres Vaters Piero. Mit ihm ging ein mächtiger Mann dahin, der auch rechtlich und von großer Herzensgüte gewesen war. Mit diesen zutreffenden Worten gedenkt Lorenzo seiner in den schon erwähnten Ricordi. Sie begruben ihn in der Sakristei von San Lorenzo und haben ihm durch Verrocchio, den nach Donatellos Tode mit vollem Recht berühmtesten und von den Medici viel beschäftigten Meister, das einfach-edle Grabmal setzen lassen, das später auch die beiden Vestelser aufgenommen hat (Abb. 78 und 80). Und so sahen sie sich nun selber in so jungen Jahren an die Spitze von Florenz gestellt.

Pieros Tod schien sich anfänglich zu einer bedenklichen Krisis für seine Familie gestalten zu wollen. Die Angesehensten der Stadt begaben sich nämlich alsbald zu Tomaso Soderini, einem Schwager des Verstorbenen und hochangesehenen Manne, mit der Absicht, ihn zum Führer des Staates zu proklamieren. Da wußte jedoch der bedächtige und ehrliche Freund des mediceischen Hauses sie schließlich wieder auf die Brüder zurückzulenken: es sei rätlicher, öffentlichen Vorrang in Ruhe vererben zu lassen, als neue, unsichere Wege zu gehen. So war nun, indem Soderinis Meinung durchdrang, auch das Legitimitätsprincip in die Machtſtellung der Medici eingefügt worden. Lorenzo hat, wo es paſſend erſchien und der Stadt Florenz zu gute kommen konnte, ſehr wohl verſtanden, den nicht anzuzweifelnden Fürſten darzuſtellen, zugleich aber immer die Eigenſchaft des Privatmannes und Bürgers feſtgehalten und auch benutzt. Im ganzen zeigt nichtsdeſtoweniger ſeine Zeit doch große Veränderungen gegen diejenige Coſimos; die ſtillſchweigende und daher nicht gut öffentlich angreifbare Thatſächlichkeit iſt ſeit dem Vorgange nach Pieros Tode verloren, alles iſt unverhüllter geworden, mehr auf die Schneide geſtellt. Es geſchah die große und blutige Verſchwörung der bei Pazzi 1478, wogegen die von 1466 ein leichtfertig unternommenes Kinderſpiel geweſen war, und ihr folgte die Revolution von oben, die einſchneidende Änderung der Verfaſſung.

Die bei Pazzi gehörten zu den alten großen Familien von Florenz und waren um der Teilnahme an den Staatsgeſchäften willen aus der Nobilität unter die Popolanen übergetreten; den Medici waren ſie verſchwägert und lange befreundet. Aber ſie waren zu reich und, ſeit Coſimos Haud nicht mehr die eigene Anhängerſchaft lenkte, auch zu mächtig geworden. Überdies gaben Kunſtpflege und litterariſche Bethätigung auch ihnen eine beſondere Folie, und ein paar tapfere Kriegsthaten von älteren Mitgliedern ihrer Familie hielten ſie bei dem eigentlichen Volke populär. Noch heute heißt carro de' Pazzi der Feuerwerkswagen, der am Oſterſonnabend zwiſchen Baptiſterium und Dom aufgefahren wird, damit ſeine Schwärmer und Raketen von der Colombina, vom Hochaltar aus an Drähten beförderten mechaniſchen und mit Zünder verſehenen Taube, in Brand geſetzt werden, und der dann knatternd und ſprühend zur innigen Freude italieniſcher Herzen durch einige Straßen ſauſt. Bei Papſt Sixtus IV. (Abb. 81) hatten die bei Pazzi als deſſen Bankiers die Medici ſelber abgelöſt, kurz und gut, es mußte zur Entſcheidung zwiſchen beiden Geſchlechtern kommen, und die Pazzi ergriffen

Abb. 97. Geburt der Maria. Aus Ghirlandajos Fresken in Santa Maria Novella.
Nach einer Photographie von Giacomo Brogi, Florenz.

6*

Abb. 96. Handzeichnung Ghirlandajos zu Zacharias im Tempel. Im K. K. Museum zu Wien.
(Nach einer Originalphotographie von Braun, Clément & Cie. in Dornach i. E., Paris und New York.)

die Initiative. Weithin verbündet bis nach Neapel hin, mit dem Papste im Einverständnis, unter aktiver Beteiligung von dessen Nepoten Girolamo Riario, ersahen sie den Sonntag des 26. April 1478 zu der That. Sie hatten den mit ihnen im Bunde befindlichen neuen Erzbischof von Pisa, Francesco Salviati, sowie einen allerdings ahnungslosen jungen Kardinal veranlaßt, an diesem Tage nach Florenz zu kommen, und an dem feierlichen Hochamt, dem der Besuch der hohen Geistlichen galt, nahmen in der That, wie vorauszusetzen gewesen war, auch die Medici teil. Unter Brunelleschis hoher Domkuppel standen, Andacht und Liebe auf den Lippen, Feindschaft in den Herzen, beide Parteien einträchtig durcheinander. Giuliano war nicht wohl und hatte eigentlich zu Hause bleiben wollen. Da waren die beiden, die ihn zu ermorden auf sich genommen hatten, Francesco bei Pazzi und Bernardo Bandini, gegangen, ihn zu holen, und hatten ihm keine Ruhe gelassen, bis er mitkam; unterwegs neckten sie ihn mit freundschaftlichen Rippenstößen und ähnlichen Scherzen und vergewisserten sich, daß er keine Zeit gefunden habe, sein Panzerhemd — denn so

war die Zeit überhaupt beschaffen — unter die Kleider zu ziehen. Um Lorenzo niederzustechen, war ursprünglich ein Kriegsmann aus den Abruzzen gedungen worden, der aber wieder zurückgetreten war, weil es nicht seine Sache sei, vor dem Altar zu morden; daher hatten das, wovor der gewöhnliche Laie zurückschrak, zwei Kleriker übernommen. Nun nahte die feierliche Wandlung des Meßopfers heran, die Andächtigen neigten sich tief, das Meßglöckchen klang, das Geläute vom Turm, der Priester erhob die Hostie — das war der vereinbarte Moment: Giulianos Mörder trafen nur zu gut; aber die Kleriker waren wohl verrucht, doch nicht kaltblütig und rasch genug. Der eine wollte Lorenzo erst packen und halten, der jedoch sprang blitzschnell zur Seite, die Klinge verwundete ihn nur leicht im Nacken, er riß den Mantel zur Schutzwehr herum auf den linken Arm, und so, den eigenen Dolch in der Rechten, stürmte er am Altar vorbei in die Sakristei und entkam glücklich nach Hause. Dort erfuhr er durch baldige Nachricht, was eigentlich geschehen, und daß Giuliano, von achtzehn Stichen durchbohrt, tot sei.

Unter der Zeit wüteten in den Straßen

und zumal vor dem Signorienpalast Kampf und Gegenwehr. Für die Helfer der Verschworenen war ebenfalls das Meßläuten vom Dom das Signal gewesen, aber auch sie hatten Unglück. Die Überrumpelung von Beamten im Regierungsgebäude mißlang durch deren Geistesgegenwart, statt ihrer sahen sich die Eindringlinge eingesperrt, darunter der aus dem Dom herbeigeeilte Erzbischof. Die Menge hielt gegen die ungeschickten Verschwörer und begann alsbald eine wilde Volksjustiz. Vivano lo palle, palle! muojano i traditori! Es leben die Kugeln (im Mediciwappen)! Tod den Verrätern! So jauchzte es im Begeisterungstaumel der Kampflust durch die Stadt. Auf der Piazza della Signoria und in den Straßen unther lagen die Leichen und blutigen Gliedmaßen der Pazzischen Söldner, aus den Fenstern des Signorienpalastes heraus henkte man ohne viel Kunstfertigkeit den Hauptverschworenen; so endeten im Anblick der höhnenden Menge Francesco bei Pazzi selber und neben ihm zuckend, den nackten Körper

des anderen mit gräßlichen Todeskampfbissen konvulsivisch zerfleischend, in seinem vollen Ornat der mordlüsterne Erzbischof der Pisaner. Bernardo Bandini, tapferer und gewandter als alle, entkam von der Leiche seines Opfers fort aus dem Dom und der Stadt und gelangte glücklich nach Konstantinopel, aber selbst zu den Feinden der Christenheit klang allzu mächtig und geachtet der Name Medici, und Sultan Mohammed II. lieferte ihn aus. So erreichte auch ihn der Tod seiner Genossen in getreuer Wiederholung jener Improvisation am Fensterkreuze des Regierungsgebäudes (Abb. 82). —

In Giuliano (Abb. 83) hatte Florenz den allbeliebten und wirklich liebenswerten Führer der eleganten und ritterlichen städtischen Jugend verloren, und lange trugen die Jünglinge Trauerkleider um ihn. Es wird um der litterarischen Beziehungen willen später noch auf das Turnier zurückzukommen sein, das Giuliano am 7. Februar 1468 veranstaltete, zur Zeit, da er jugendlich für die vornehme Simonetta (Einschaltbild zwischen S. 70 und

Abb. 99. Zacharias im Tempel. Aus Ghirlandajos Fresken in Santa Maria Novella. Mit Bildnissen u. a. von Marsilio Ficino (in der Gruppe unten links der zweite von links und Angelo Poliziano (in derselben Gruppe der dritte von links).
Nach einer Photographie von Giacomo Brogi, Florenz.

S. 71) schwärmte. Seine Geliebte im gewöhn-
lichen Sinne ist diese nicht gewesen. Dagegen
erhielt Lorenzo Magnifico etliche Wochen nach
seines Bruders Tode die zuverlässige Nachricht, im Borgo Pinti wohne ein Mädchen
bürgerlichen Standes, Namens Fioretta, das
einen Sohn von Giuliano habe. Lorenzo begab sich persönlich dahin, nahm das Kind an
sich und ließ es erziehen. Dieser Giulio bei
Medici ist der spätere Papst Clemens VII. —
    Inzwischen aber war der Krieg entbrannt.
Sixtus IV., schuldbewußt und überhaupt der
unruhigste Politiker Italiens, bannte das
Haupt von Florenz und die Stadt selber,
mit ihm war Neapel verbündet. Florenz
warb Kriegsvolk in der Lombardei und
fand eine wenigstens am Anfang eifrige
Hilfe bei Venedig und Mailand. Aber bei
aller Ereignislosigkeit des Krieges neigte
sich die Glückswage auch hier allmählich wieder
ungünstig gegen Florenz. Da entschloß sich

Lorenzo zu dem ebenso merkwürdigen wie
gefährlichen Schritt, als sein eigener Ge-
sandter nach Neapel zu gehen: wie ein von
der Florentiner Signorie zu Friedensunter-
handlungen bevollmächtiger Bürger. Das
kühne Unternehmen glückte vollkommen. König
Ferrante, hochgeehrt, empfing seinen Gast
mit fürstlichen Ehren und schloß mit ihm
Frieden, und da gerade die Nachricht kam,
daß Mohammed II. gelandet war und Otranto
erobert hatte, so traten desto erschrockener
und eilfertiger auch die anderen bei. Und
jetzt setzte Lorenzo, den frischen Erfolg be-
nützend, den er heimgebracht hatte, die Ver-
fassungsänderung durch, worin er den Preis
für den Schmerz und die Not sah, die er
erlitten. Die Besetzung der Ämter, Stellen
und Ratsmandate ward ausschließlich in die
Hände eines neuen Kollegiums gelegt, das
von Anfang an zuverlässig zusammengesetzt
war und sich immer nur aus solchen er-

Abb. 100. Bildnisse aus den Fresken Luca Signorellis in Orvieto. Rechts Fra Angelico, links Signorelli.

Abb. 101. Die heilige Familie. Gemälde von Luca Signorelli in den Uffizien zu Florenz.
(Nach einer Photographie von Giacomo Brogi, Florenz.)

gänzen konnte, die schon als Parteigänger des bestehenden Zustandes, d. h. der Medici, in anderen öffentlichen Ämtern sich bewährt hatten.

Es liegt aber in der Eigentümlichkeit der „Tyrannis" überhaupt und so auch der unbetitelten von Florenz, daß sie jeweils im Moment ihrer größten Verdeutlichung und Unbeschränktheit beginnt, dem Verderben zuzueilen. Das kommt u. a. darin zum sichtbaren Ausdruck, daß Lorenzo jetzt bald keine Scheu mehr trug, die Finanzen der Republik im eigenen Interesse anzugreifen. Der Enkel Cosimos neigte viel zu sehr zu dem ruhigeren Leben des gebildeten und grundbesitzenden Grandseigneurs, um noch ein rastloses kaufmännisches Genie sein zu können. Unter seiner lässigeren Obhut waren die Geldgeschäfte des Hauses überall zurückgegangen, und in dieser Lage hat bei dem schließlichen Zusammenbruch der mediceischen Filiale in Brügge, also an dem wichtigsten

Platze im ganzen Bereiche der Nord- und Ostsee, der Magnifico den drohenden Sturz des Gesamthauses nur noch durch einen verhüllten Staatsbankerott abzuwenden gewußt. Man hat damals den Zinsfuß gewaltsam auf die Hälfte herabgesetzt und die Kassen des monte delle doti geplündert, der Versicherungsanstalt für Töchtermitgiften, die die große Sparbank der Bürgerschaft war. Der Staat lernte die ungeheuere Gefahr kennen, die in der Verbindung von politischer Macht und privatem Geldgeschäft liegt. Man hatte nun begonnen, mit vollen Händen abzuheben von dem angesammelten Machtkapital der Mediceerstellung, die denn in der That schon zwei Jahre nach Lorenzos Tode im Sturme hinweggefegt werden sollte. Freilich, bewundernswerter und großartiger ist jederzeit in der Geschichte den Lebenden und den Nachlebenden die Periode solchen Machtverbrauchs, unbedeutender diejenige erschienen, die zuvor emsig und still zusammen-

getragen. Und nicht zu verkennen ist: was die Medici, indem sie ihre eigenen, über die Welt verzweigten finanzpolitischen und diplomatischen Unternehmungen auch für den Handel der übrigen Bürger mit einsetzten, für den Wohlstand und was sie sonst für die Entwicklung von Florenz bisher gethan hatten, das trug allerdings gerade jetzt die sichtbare schönste Frucht. Es war das wahrheitgemäße Bekenntnis der allgemeinen Empfindung und Überzeugung, wenn Ghirlandajo unter seine Fresken, die er 1490 in Santa Maria Novella schuf, mit lateinischen Worten die Inschrift schrieb: „Gemalt im Jahre 1490, da unsere allerschönste Stadt durch Reichtümer, Waffensiege, Künste, Bauten hochgeehrt, in Wohlstand, Gesundheit, Frieden glücklich war.“

Sicherlich überragt Lorenzos Zeit mit echtestem Wert ihres Glanzes die früheren Generationen in allem, was sich an seine geistige Individualität knüpft, in ihrer Pflege der Kunst und des ästhetischen Lebens. Hier ist es, wo sie keinen giftigen Keim des Niederganges verborgen in sich fühlt, sondern wo sie zukunftsfroh die bezaubernd sich entfaltende Blüte der nahen herrlichen Vollendung entgegenträgt. Als Cosimo für „Bauten und Bücher" thätig war, da konnte auf all diesen Gebieten durch solches Eingreifen und Vorbild ein weiterer Aufschwung noch erst hervorgebracht werden. Inzwischen war dieser in vollstem Maße eingetreten. Das ist, woran zunächst erinnert werden muß, wenn etwa einem oberflächlichen und nur quantitativen Beurteiler die Kunstpflege Lorenzos hinter der des Großvaters zurückzubleiben scheint. Die Künste brauchten ihn weniger, denn jetzt wetteiferte das ganze reiche Bürgertum in ihrer Beschäftigung; und er hatte es nicht mehr so nötig, daß sich die Führung in den Künsten dem Hause Medici öffentlich rentiere. War immerhin schon Cosimos Mäcenatentum durch dessen eigenes redliches Streben über die damit verfolgte Absichtlichkeit doch wieder hoch hinausgetragen worden, so war dasjenige Lorenzos von uneigennützigster Erscheinung und wollte in dem Bewußtsein anerkannter Selbstverständlichkeit freien Spielraum auch nach anderen Seiten gewähren.

In dieser Beziehung ist die verbürgte Anekdote unterhaltend und charakteristisch, in welcher Weise der Palast der Strozzi (Abb. 84) entstand, der mit dem erst später vollendeten Pitti zusammen der schönste in der Arnostadt ist. Es wiederholt sich darin mit gleichem Ausgangspunkt, aber anderer Pointe die kluge Vorsicht, unter welcher einst Cosimo seinen Mediceerpalast erbaut hatte. Auf gleiche Weise kannte auch Filippo Strozzi seine „Freunde" und glaubte insbesondere auch auf die Medici Bedacht nehmen zu müssen, denen niemals unbedenklich gewesen zu sein, er sich mit Recht bewußt war, schon um des Namens willen, den er trug. So kann er, wie er wohl dem Neide entrinnen und doch den Herzenswunsch verwirklichen möge, seinem Geschlechte ein alle anderen übertreffendes Heim zu hinterlassen. Er begann damit, immer häufiger zu klagen und, wohin er kam, zu erzählen, wie eng und unbequem es in der bisherigen Wohnung für so viele Leute geworden sei, und niemand wunderte sich, als er mit Benedetto da Majano zu unterhandeln begann, der

Abb. 103. Pan als Gott der Naturfreude. Von Luca Signorelli für Lorenzo Magnifico gemalt.
Im Königl. Museum zu Berlin.

damals als der trefflichste Architekt von Florenz anerkannt war. Von dem ließ er sich dann — bei welchem Baumeister könnte man auf einen solchen Versuch nicht mit Bestimmtheit rechnen? — vergnügt, aber unter beständigem Schelten und Brummen in die Höhe treiben. Inzwischen hörte Lorenzo von den Entwürfen und kam sie zu sehen. Er war entsetzt, als Filippo ihm mitteilte, wie er damit umgehe, im Erdgeschoß Buben einzurichten, um wenigstens etwas von den schauderhaften Kosten wieder einzubringen; sein künstlerisches Auge zog alle Konsequenzen des herrlichen Werkplanes, und der Strozzi mußte ihm versprechen, in welcher Weise der Bau unbedingt ausgeführt werden solle. Der meinte kopfschüttelnd, wenn das nur gut gehen werde — aber versprach es. „Und so gelang ihm durch Klugheit, was bei anderem Verhalten ihm entweder verweigert oder nicht wenig verdacht worden wäre." So schließt Filippos Sohn seinen lehrreichen Bericht, der nebenbei ein Beispiel im bestimmten Falle gibt, wie Lorenzo über allen derartigen Unternehmungen in Florenz sein Augenmerk hielt.

Selber so viel wie Cosimo gebaut hat der Magnifico nicht. Er hat vor der Porta San Gallo ein Augustinerkloster erbauen lassen, das dem ausführenden Meister Giuliano Giamberti den Namen Sangallo eingebracht hat, nach der Art der Italiener, sich die Persönlichkeiten anstatt an die Zufälligkeit des Namens lieber an irgend einer individuellen Bezugnahme deutlich zu erhalten. Dem Architekten und sogar seinem Bruder und seiner Familie ist jener örtliche Name dauernd geblieben, das Kloster selber schon bei der Belagerung von 1529

Abb. 104. Perugino. Selbstbildnis in den Uffizien zu Florenz. (Nach einer Photographie von Gebr. Alinari, Florenz.)

Abb. 105. Engel aus der Himmelfahrt Mariä. (Gemälde von Perugino in der Accademia zu Florenz
: Nach einer Photographie von Gebr. Alinari, Florenz.)

wieder vertilgt worden. Es hat ein ungünstiger Stern über Lorenzos baulichen Unternehmungen gewaltet; San Spirito erhielt trotz seines persönlichen Eifers die äußere Vollendung nicht und entbehrt sie bis heute; um die Domfassade war er nicht minder bemüht und hat auch selber einen eigenhändigen Entwurf vorgelegt, aber bis zu dem modernen Ausbau in den Jahren 1875—1887 (Abb. 85) hat auch sie als rohe Ziegelwand gestanden. Der echteste und schönste Repräsentant von Lorenzos Bauthätigkeit ist heute die von Giuliano da Sangallo erstellte Villa zu Poggio a Cajano (Abb. 86—89), einige Stunden von Florenz am Wege nach Pistoja im Ombronethal gelegen. Sie ist neben der von Careggi, welche man von Florenz schneller erreicht, der Lieblingsaufenthalt ihres Herrn gewesen, an den in unseren Tagen kein Ort so treu zurückerinnert. Denn nichts ist hier nach ihm verändert worden, als daß Lorenzos Sohn Giovanni, der als Leo X. die dreifache Krone des universalen Papstes trug, den Andrea del Sarto und zwei andere bekannte Künstler zu einer Reihe dortiger Saalfresken mediceisch-allegorischen Inhalts veranlaßt hat. —

Von den Malern des älteren mediceischen Kreises scheidet für den des Magnifico zunächst Benozzo Gozzoli aus, der einst unter Cosimo und Piero die Hauskapelle der

Abb. 106. Kanzelrelief Bertholdos in San Lorenzo.
(Nach einer Photographie von Giacomo Brogi, Florenz.)

Medici ausgemalt hatte. Er war gerade 1469, als Lorenzo an die Herrschaft gelangte, nach Pisa übergesiedelt; dort hatte er in dem großen Hallenrechteck des Campofanto die „Wand" feiner Sehnfucht gefunden, er, der einmal gewünfcht hatte, die Stadtmauer von Florenz ringsum bemalen zu dürfen. Hier lebte er fich aus in der Fülle des Raumes, in großen Freskenbildern eines nach dem anderen, die angeblich die ganze Weltgefchichte von Noahs Weinlefe bis zur Königin von Saba herunter, in Wahrheit aber wieder lauter farben- und menfchenfröhliche Scenen aus dem toskanifchen Leben zur Anfchauung brachten. Dabei dachte er an die Florentiner Zeiten zurück und vergaß nicht, als er den Turmbau von Babel malte, dabei auch die mediceifchen Gönner im Bilde anwefend fein zu laffen und fie fomit vor der ganzen, noch nicht in alle Welt zerftreuten Menfchheit auszuzeichnen. Ferner vermiffen wir, ebenfalls feit 1469, Fra Filippo Lippi, den thätigen Künftler im Mönchsgewande — freilich ein Mönch des fpäteren Quattrocento und anders wie Fra Angelico, ewig vergnügt, ewig verliebt

und ewig in Geldnot: er war in der Fremde, in Spoleto geftorben, wo ihm Lorenzo, da die Spoletiner auch auf berühmte Männer hielten und die Heimholung der Leiche nach Florenz verweigerten, für ein von der Heimat gefandtes Denkmal im dortigen Dome geforgt hat (Abb. 90).

Am fruchtbarften und offenbar auf einem nahen gegenfeitigen Verftändnis beruhend ift das Verhältnis des Medici zu Filippo Lippis größerem Schüler Sandro Botticelli (Abb. 91) gewefen. Wer des letzteren hauptfächlichfte Florentiner Schöpfungen, das Frühlingsbild (Abb. 92), feine Geburt der Venus, feine Venus mit Mars (Abb. 93) mit den Dichtungen Lorenzos vergleicht, für den bedarf es der weiteren Dokumente nicht, wie intim fich beide Männer in ihrer poetifch-antikifierenden Naturphantafie berührt, ja fich in den einzelnen Stoffen beeinflußt haben, wobei dann auch der von uns fpäter zu befprechende Polizian als dritter im Bunde dazutritt. Wollen doch auch die vornehm-fchönen Studienköpfe Botticellis mit der eigentümlich reizvollen Profilbehandlung, wie fie diefer feingestimmte Meister liebt, mit eingeflochtenen Perlenschnüren in den Haaren und Kleinodien am Halse, die wir auch sonst, nämlich als hervorragende Stücke des mediceischen Kunstschatzes kennen, uns wie die unmittelbare Illustration zu dem Schönheitsideal in den Liebessonetten Lorenzos erscheinen. Ferner sind im Auftrage der Medici, denen die Ruhmespflege des größten Florentiner Poeten und die persönliche Verehrung für ihn Herzenssache waren, Botticellis Skizzen zu Dante entstanden, die neuerdings eine Zierde der Berliner Sammlungen geworden sind. Auch zum zeitgenössischen Porträtisten des Hauses Medici ist Botticelli mit mehreren männlichen und weiblichen Einzelbildnissen geworden, und auf seiner berühmten, in der Uffiziensammlung befindlichen Anbetung der Könige aus dem Morgenlande (Abb. 94) hat er drei Generationen der Medici versammelt, von Cosimo an, der als der rangälteste der Könige vor dem Kinde von Bethlehem kniet und den schmalen vornehmen Kopf mit vollendeter Grazie in Haltung und Ausdruck fast unmerklich neigt.

Daneben bezeugen uns sowohl erhaltene Werke, wie litterarische und urkundliche Zeugnisse das Band, das Filippino Lippi (Abb. 95 und 96), des Filippo Sohn, Domenico Ghirlandajo, Luca Signorelli und andere Maler an Lorenzo knüpfte. Freilich Filippinos Hauptwerk in Florenz, die Fortsetzung der Fresken in der Brancaccikapelle, ist ohne Lorenzos Zuthun entstanden. Es sind Darstellungen aus dem Neuen Testament, die auch in einer Nebenbeziehung wertvoll sind, nämlich durch die vielen zeitgenössischen Porträts, welche sie bieten. Ähnlich ist es mit Ghirlandajo, dem Manne, der alles erreichte malerische Können seiner Zeit gleichmäßig in sich zusammenfaßte und durch geschickte und lebendige, alle letzte

Unfreiheit und Steifheit überwindende Gruppierung und durch die vortreffliche Individualisierung zahlreicher Personen, bei einer heiteren und wohlthuenden Ruhe des Ganzen, wie sie dem Botticelli in der Regel widerstrebte, der gereifteste Meister des Quattrocento in der erzählenden Freske ist. Auch er hat für Lorenzo einiges gemalt, doch das Hauptwerk, das die Arnostadt von ihm besitzt, nämlich die schon flüchtig erwähnten zwölf Fresken aus dem Leben Mariä und Johannis des Täufers in Santa Maria Novella, hat ihm Giovanni Tornabuoni, Lorenzos naher Verwandter, in Auftrag gegeben (Abb. 97—99). Völlig entbehren wir niemand von den bedeutenderen Zeitgenossen in dem Kreise der für Lorenzo thätigen Maler, wenn es auch nicht in allen Fällen ohne weiteres leicht ist, die Angaben des Künstlerbiographen Vasari

Abb. 107. Bildnis eines Goldschmiedes.
Von einem unbekannten Meister des XV. Jahrhunderts.
(Nach einer Photographie von Giacomo Brogi, Florenz.)

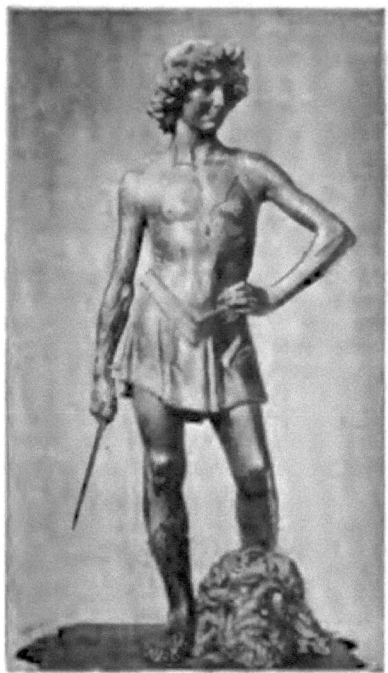

Abb. 108. Verrocchios David. Im Nationalmuseum
zu Florenz.
(Nach einer Photographie von Giacomo Brogi, Florenz.)

und die heute über alle Welt in öffentliche und
Privatgalerien verstreuten Werke und Zeichnungen in bestimmten Einklang zu setzen. Nur
einen möchten wir noch nennen, den Corto-
nesen Luca Signorelli (Abb. 100 und 101),
der mit Botticelli schon die äußere Analogie
aufweist, daß sie beide die divina Commedia
Dantes, für die sich Lorenzo so interessierte,
zum Stoff genommen haben. Signorelli hat
außer einer Madonna, die jedenfalls die
in den Uffizien ist (Abb. 102), für Lorenzo ein Bild geschaffen, das für diesen
Maler gewissermaßen ein Unikum ist, desto
unmittelbarer aber durch Lorenzo seine Er-
klärung findet. Denn in dieses sein Werk
hat der eifrige Meister des körperlich-ana-
tomischen und des kraftvollen, ja herben
Nackten, als welcher Signorelli der rechte
Vorläufer eines Michelangelo ist, zugleich
die holdere Stimmung arkadischen Natur-
daseins und der Frühlingslust in antik-
idyllischer Schilderung hineingetragen und

somit dieselbe poetische Seite angeschlagen,
die in dem Triumvirate Lorenzo, Poliziano und Botticelli am stärksten klang; wir
meinen die „Erziehung des Pan" (Abb. 103),
die jetzt im Berliner Museum hängt. So
wenig Lorenzo die Künstler in Florenz zu
monopolisieren gedachte, so haben sie ihm
doch alle zu danken gehabt, und er hatte mehr
zu geben als Gold. Die Talente, die
er weckte und förderte, haben teilnehmen
dürfen an dem Umgang mit ihm, an seinem
Lebensinhalt. Nur das sei erwähnt, wie
der Knabe Michelangelo, der ein siebzehn-
jähriger Kunstschüler bei Lorenzos Tode
war, an dessen Familientisch jederzeit auch
seinen Platz bereitet wußte, und daß der
Magnifico, von der großen Zukunft des
Jünglings fest überzeugt, sich ebenso wie
Polizian eifrig um seine jugendlichen Bild-
nereien gekümmert hat. Es ist begreiflich,
wenn der Umbrier Perugino (Abb. 104
und 105), Raffaels Lehrer, mehrfach daran
gedacht hat, ganz in die toskanische Hauptstadt überzusiedeln und sich dort ein Haus
zu bauen. Es kommt uns fast ein Bedauern
an, daß der sinnige und tüchtige Meister,
dessen schöne, liebe Bilder nur ein wenig
zu oft das Gleiche sagen, nicht auch aus
seinem stillen Perugia fort in das mächtig
pulsierende Kunstleben der Stadt am Arno,

Abb. 109. Knabe mit Delphin.
Von Andrea Verrocchio. Im Palazzo Vecchio.
(Nach einer Photographie von Giacomo Brogi, Florenz.)

wo er einst bei Verrocchio, dem Bildhauer und Maler, gelernt hatte, dauernd und ausschließlich wiedereingetreten ist.

Anregung durch seine Persönlichkeit und durch sein ganzes Hauswesen, das ist jene feinste und vornehmste Art, in der sich Lorenzos Fürsorge darstellt. Geradezu unerschöpflich war der eigene Kunstbesitz der Familie, der durch drei Geschlechter eifriger Sammler aufgehäuft war und noch heute trotz der schamlosen Plünderung durch die Franzosen (im Jahre 1494) die breite

von dort u. a. die nirgends in der Welt so wie in Flandern hergestellten gewirkten Teppiche. Wenn es heute manchen deutschen Besucher von Florenz, der die Heimat mit allem, was ihr eignet, hinter sich versunken wähnt, überraschen mag, in den Uffizien seltene Meisterwerke der alten Vlamen und Deutschen anzutreffen, so rührt diese verständnisvolle Mitberücksichtigung fremder Kunstübung von Italien aus gleichfalls schon von der Medici Zeiten her. Herzog Federigo von Urbino sprach vollkommen

Abb. 110. Denkmal des Musikers Antonio Squarcialupi im Dom zu Florenz, dem Benedetto da Majano zugeschrieben und von Lorenzo gestiftet. (Nach einer Photographie von Giacomo Brogi, Florenz.

Grundlage der Uffiziensammlung bildet: alte und neuere Skulpturen, griechische und römische Vasen, antike geschnittene Steine, Intarsien (d. h. eingelegte Holzarbeiten), Gemälde und Miniaturen, Münzen, Medaillen, Terrakotten und die Erzeugnisse der jungen Majolikentechnik, Kostbarkeiten und Erzeugnisse der Kleinkunst jeglicher Art. Man darf dabei nicht etwa nur an das in Italien Erreichbare denken. Nicht umsonst saßen die Vertreter und Agenten der Medici in den Handelsstädten der Levante, und das Bankhaus in Brügge sandte

wahr, wie er als Lorenzos Gast staunend meinte, das sei gewiß ein königlicher Schatz oder noch richtiger ein solcher, wie ihn kein König mit Krieg, Macht und Geld und überhaupt kein anderer als der Herr in Florenz zusammenzubringen imstande gewesen wäre. Nicht alles vermochte der Palast in der Via Larga zu fassen, auch die Villen bargen überreichlich, und in den weiten, jetzt überbauten mediceischen Gärten beim Kloster San Marco in Florenz standen in den Baumgängen ganze Reihen der antiken Skulpturen aufgestellt, barg das

Abb. 111. Bildnis des Andrea Verrochio.
Gemälde von Lorenzo di Credi in den Uffizien zu Florenz.
(Nach einer Photographie von Giacomo Brogi, Florenz.)

Häuschen (also Casino) des Gartens Gemälde und Kartons, gehütet von Bertoldo, der noch Donatellos Schüler gewesen war und selber in San Lorenzo (Abb. 106) und sonst manches wackere Werk geschaffen hatte. In diesen Gärten bei San Marco und in dem Casino der Medici trieben junge werdende Künstler, von Lorenzo durch Stipendien und ausgesetzte Preise noch weiter ermuntert, ein freies Anschauungsstudium, hier hat auch der größte unter allen, der Lehrling aus Ghirlandajos Malerwerkstätte, Michelangelo,

den Sinn für die Gewalt und edle Größe der Form geschöpft, der seine Künstlersehnsucht und seine überragende Bedeutung ausmacht. Die Wiederentstehung ganzer Kunstzweige ist von den Vorbildern ausgegangen, die die Schatztruhen der Medici bargen; z. B. hat die Wiege der neueren Steinschneidekunst in dem Palaste der Via Larga gestanden.

In Lorenzos Zeit fällt auch das Werben von einem der Größten überhaupt, Lionardo. Geboren 1452 in dem kleinen Florentiner

Orte Vinci als der natürliche Sohn eines Notars, ist, die siebziger Jahre hindurch, auch er der Schüler Verrocchios (Abb. 108, 109, 111) gewesen, zusammen mit Perugino und mit dem vorgeschrittenern Botticelli, der vorher schon Filippo Lippis Werkstatt besucht hatte. Erst neuerdings hat man ein lange dem Botticelli zugeschriebenes Bild, den jungen heimkehrenden Tobias (Abb. 112) darstellend, als Verrocchios Werk und in dem Erzengel Michael (ganz zur Linken im Bilde) Gestalt und damalige Züge des Schülers, Lionardos, wiedererkannt. Aus dessen Florentiner Tagen stammt außer Zeichnungen mancher holdseligen Florentinerin eine nicht fertig gewordene Anbetung der heiligen drei Könige für den Signorienpalast. Und als Bernardo Bandini am Fensterkreuz des Podestäpalastes sterben mußte, stand drunten in der Menge auch der junge Meister aus Vinci und ließ sich, auch hier völlig und nur der rastlos studierende und jederzeit für

die starkgeprägte Individualität von Karikaturgesichtern und Verbrechertypen besonders bemühte Künstler, die Skizze des Gehenkten nicht entgehen (Abb. 114). Den Medici war Lionardo weniger wichtig als sein Lehrer und sein älterer Mitschüler; seine höfische Zeit beginnt erst mit den achtziger Jahren, mit seiner Übersiedelung an den Hof des prachtliebenden Sforza von Mailand, des Herzogs Ludovico Moro. Vielleicht darf man — aber wer kann so ganz genau in alles, Gründe und Hinderungen, hineinsehen? — Lorenzo den einen Vorwurf zu so vielem Lob nicht sparen, daß er gerade Lionardo nicht für Florenz festgehalten hat.

Aber noch enger verbunden mit dem Fürsten als der Künstler geht der Dichter. Ständig genährten Ruhmes bedarf nun einmal der Gewaltherr dieser Zeit und unter diesem Volke, und anders bringt doch der Lobpreis aus Dichters Munde in die Menge hinaus, als wenn der Künstler in

Abb. 112. Tobias mit den Engeln. Gemälde Verrocchios in der Accademia zu Florenz.
Nach einer Photographie von Gebr. Alinari, Florenz.

Dankbarkeit Bildnisse der von ihm verehrten Persönlichkeiten zwischen die Gestalten seiner Darstellungen reiht. Und es ist nicht das allein. Der Zwingherr, der nun einmal das Vertrauen zu bannen und unerreichbar kühl zu bleiben hat gegenüber den Parteigrößen und Werkzeugen in der eigenen Klientel, darf mit dem Dichter eine Ausnahme machen. Denn dieser ist, so wie für ihn trotz der jetzt vorhandenen Anfangsstadien der Buchdruckerkunst die äußeren Verhältnisse doch immer noch in hergebrachter Weise liegen, direkt darauf angewiesen, den Bestand seines Gönners und des gesellschaftlichen Cirkels um ihn durch keine Erschütterung oder Umwälzung gestört zu sehen; er kann während und infolge solcher immer nur verlieren — inter arma silent musae, und der Poet wird beruf- und existenzlos. Was aber noch mehr ist, sie beide empfinden ohnedies ein engeres Gefühl innerer Verwandtschaft und Zusammengehörigkeit: der nur auf eigene Klugheit und Energie gestellte Gewaltherr und der ebenso allein auf sein Talent

und seine Persönlichkeit gewiesene Dichter. Auch der Gedankenaustausch mit dem Dichter und Litteraten findet unmittelbarer, umfassender und geistvoller statt als mit dem Künstler, der doch zu allen Zeiten sein Interesse ausschließlicher auf seine Kunst konzentriert. Freilich Ausnahmen hat es jederzeit auch gegeben, und gerade die Renaissance mit ihrer Forderung universaler Entwicklung des Individuums, mit ihrem Widerspruch gegen geistige Arbeitsteilung hat solche am meisten begünstigt. Welch ein tiefer, ja bis zur Schwermut poetisch-philosophischer Mensch, welch edler Dichter ist Michelangelo gewesen, wie umfassend der Geist eines Leon

[Handschrift Angelo Polizianos]

Abb. 115. Handschrift Angelo Polizianos.

Battista Alberti oder gar eines Lionardo da Vinci!

Unter seinen litterarischen Freunden steht keiner Lorenzo so nahe, wie Angelo Poliziano (Abb. 115 und 116), der als neulateinischer Dichter in erster Reihe glänzt.

Als sechzehnjähriger armer Schlucker und Student hatte er sich an das gewaltige Werk einer lateinischen Ilias gemacht, die ersehnte Erschließung des „Vaters der Poeten" Homer für den weiteren Kreis der gebildeten Leser unternommen. Das klassische Altertum ging ja über alles: auf seiner wissenschaftlichen Wiedererweckung basiert, was Humanismus und Renaissance Neues in die Welt getragen und wenn nicht an die Stelle des Mittelalters gesetzt, so doch befruchtend und umformend mit ihm verbunden haben. Und nichts kommt diesen Studien damals gleich an Wert und Reiz. Soviel die Zeitgenossen sich in mancherlei sittlichen Hinsichten — und zwar ohne Scheu und Hehlerei in ihrem Bewußtsein einer selbständigen und neuen Anschauung — gestattet haben, sie konnten wie in diesen Verirrungen, wie wir sie darum doch zu betrachten haben, ganz verloren gehen; sie sanken auch nicht eigentlich in sie hinein, sondern ein Gefühl des

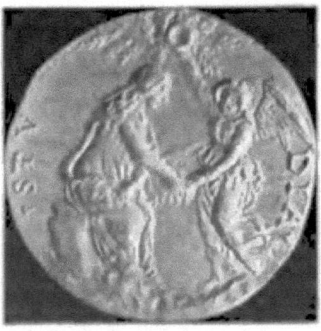

Abb. 116. Angelo Poliziano. Vorder- und Rückseite einer Medaille.

7*

Übermenschentums, um den heute so viel-
gequälten Ausdruck des Goetheschen Erd-
geistes zu verwenden, trug sie leicht auch
zu jenen; dem Geistesverkehr mit der Antike als dem Reizvollsten im Leben blieben
sie unvermindert erhalten, und in ihm
blieben sie immer noch des zu edlerem
Menschentum führenden Weges sich bewußt.
Es ist bezeichnend, daß selbst die Verbannung nicht mehr so schreckt, wie früher;
aus den antiken Autoren kann man ja
nicht exiliert werden. In diesen leben auch
die Frauen des Hauses und nehmen teil
an den Erörterungen der Männer; ganz
gleich mit den Knaben werden die Töchter
„humanistisch" erzogen. Wie hätte auch
eine Zeit, die jede einzelne Persönlichkeit
auf das möglichste zu entwickeln strebte, sie

ausschließen können oder wollen von dem
Besten, was man besitzen und damals allerdings nur an der Quelle schöpfen, nur in
der originalen antiken Form erwerben konnte,
weil noch nicht die Arbeit von Jahrhunderten
diese Schätze umgeprägt und in eine dem,
der ehrlich strebt, auch sonst zugängliche
Geistesbildung hinübergeführt hatte.

Die begonnene Iliasnachdichtung machte
den wenig älteren Lorenzo auf den Jüngling aus MontePoliziano aufmerksam, dessen
griechischer Lehrer der gleiche wie Lorenzos
gewesen war: Johannes Argyropulos, die
Zierde der Hochschule von Florenz. Er
zog ihn in sein Haus und nun sind, von
1470 an, diese beiden Lebensläufe verbunden
geblieben. Als der Medici vor dem Mord-
stahl der Pazzi flüchtet, ist es der Freund,

OAN·PICVS e MIRANDVLA

Abb. 118. Giovanni Pico von Mirandola. Unbekannter Meister, vielleicht Bronzino.
Gemälde in den Uffizien zu Florenz.
(Nach einer Photographie von Gebr. Alinari, Florenz.)

der hinter ihm die ehernen Sakristeiflügel dröhnend ins Schloß wirft; er steht auch an Lorenzos Sterbebett. Der Ruhmpreis des Magnifico, seines Hauses, seiner Unternehmungen weist wohl auch bei Polizian gern ein panegyrisch übertreibendes Zuviel auf, so daß der sicherer urteilende Lorenzo als Censor seines eigenen Ruhmes über dem mediceischen Hofpoeten zu walten pflegte; aber ein Polizian konnte niemals geschmacklos sein, und seine Begeisterung kam aus ehrlichem, dankbarem Herzen.

Lorenzos Freund hat übrigens auch in der Volkssprache gedichtet und zwar in wundervollem Italienisch; zu dem Wohlklingendsten, was diese Sprache aufzuweisen hat, gehört seine Giostra, die mythologisch durchwebte, alle Phantasien der Schönheit und Liebe aufbietende Verherrlichung des Prunkturniers (vgl. auch Abb. 113), das einst Giuliano seinem Hause und der heimlich Geliebten zu Ehren veranstaltete. Einer Scene der Giostra scheint Botticelli seine Geburt der Venus entnommen zu haben. Wohl überragen Ariost und Tasso den älteren Dichter im Reichtum der Bilder und in der stofflichen Durchführung, aber kaum in der Form. Und als das Höchste galt doch die Form für diese humanistische Welt, aus der heraus ein hoher geistlicher Herr, der Kardinal Pietro Bembo, die Lektüre der Paulinischen Briefe dringend widerriet: weil der Stil des Apostels nichts tauge.

Neben Angelo Poliziano steht Luigi Pulci (Abb. 117), der von Frau Lucrezia seit den sechziger Jahren geförderte Verfasser des Ritterromans vom Riesen Morgante, wozu er den Stoff dem karolingischen Sagenkreise entnommen hatte, der bei allen Nationen als die unerschöpfliche Quelle für diese Litteraturgattung benutzt wurde. Wir dürfen nun diese Dichtungen — und Ähnliches gilt auch von den Hauspoeten der Este,

von Ariost und Tasso, die den baldigen Höhepunkt der Gattung bezeichnen — heute nicht lesen wollen wie einen modernen Roman, nicht als Ganzes auf einmal und nicht in der Erwartung, darin festentwickelte Handlung, vertiefte Charaktere, Gedankenanregung, reife und feine Erfahrungsweisheit zu finden. Jene Dichter verfolgen ganz andere ästhetische Ziele; in ihnen existiert immer noch der Spielmann und ein wenig sogar der Spaßmacher des Mittelalters weiter. Wenn ein Gesang fertig war, so recitierte ihn Luigi Pulci vor den Medici und deren Gästen. Worauf nun der Dichter solcher Unterhaltungsepopöen bei den Anforderungen der Zeit gerichtet sein mußte, das war, durch die meisterhafte Deklamation musikalisch wohllautender Strophen vor allem das Ohr zu entzücken und durch die buntlebendige Schilderung irgendwelcher dramatischen Geschehnisse dasselbe Vergnügen hervorzubringen, das dem leiblichen Auge eine farbige Scenerie in der Fresle oder auf gewirktem Teppich bereitet. Und daneben war es nur logisch und geschickt von ihm, wenn er seinen Stoff nicht zu ernsthaft nahm, eben nicht nachdenklich wurde, wenn er den aufgewendeten Geist nicht über das Fassungsvermögen des bloßen Zuhörens steigerte und lieber durch eine eingeflochtene Ironie oder eine burleske Unterbrechung selber mithalf, den Lauschern das himmelhohe Bewußtsein ihrer neuklassischen Überlegenheit über diesen Stoff einer abgethanen mittelalterlichen Welt deutlich zu erhalten. Wenn dann ein neuer Gesang fertig war, so brachte er ihn wieder, und es durfte nicht störend sein, wenn die diesmalige Hörerschaft mit der bisherigen Handlung zunächst unbekannt war.

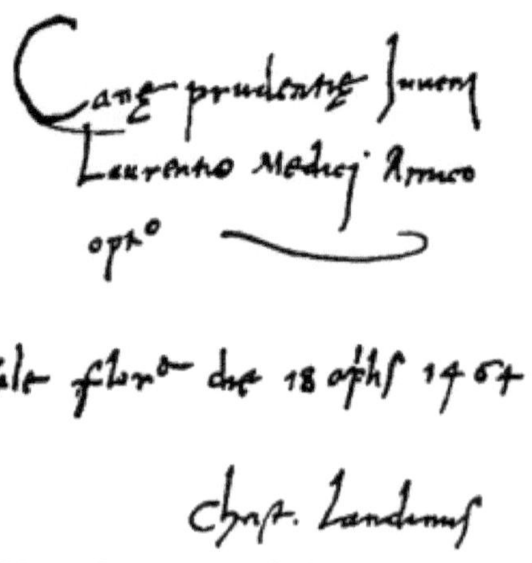

Als Männer von ernsterem und wertvollerem Geist, auch von gesetzteren persönlichen Verhältnissen gehören zu

Abb. 119. Handschrift des Cristoforo Landino.

Abb. 120. Florentiner Tracht um 1490. Aus Ghirlandajos Fresken in Santa Maria Novella
(Nach einer Photographie von Gebr. Alinari, Florenz.)

Lorenzos Kreise zunächst zwei Nichtflorentiner, Bernardo Bembo (der Vater des Kardinals), der die nicht immer leichte Aufgabe, seine Vaterstadt Venedig in Florenz diplomatisch zu vertreten, mit dem anmutigen Verkehr im Hause des dortigen Machthabers zu vereinigen wußte, und Giovanni Pico von Mirandola (Abb. 118). Der letztere, auf den gesellschaftlichen Höhen des damaligen Italiens herangewachsen, der jüngere Sohn eines kleinen fürstlichen Gewaltherrn, mit den Este von Ferrara nahe verwandt, lebte seit 1484 als großer Herr und Privatmann in Florenz im freien Anschluß an das Haus und die „Platonische Akademie" der Medici, sowie an deren geistiges Haupt, das wir schon kennen, Marsilio Ficino. Dessen Identitätslehre des Platonismus und des Christentums ist der gleiche Standpunkt, den auch Pico eifrig verfocht, und den Lorenzo, der in diesen Gedankengängen überhaupt aufgewachsen war, sogar zu dem Ausspruch zugespitzt hat: ohne den Plato sei es fast unmöglich, ein vollkommener Mensch und Christ zu sein.

Zu diesen Freunden und anderen kommt ferner Cristoforo Landino (1424—1504) (Abb. 119) hinzu, gebürtiger Florentiner, auch er Erzieher in Lorenzos Hause, später

Abb. 121. Florentiner Schachbrett des XV. Jahrhunderts.
(Nach einer Photographie von Gebr. Alinari, Florenz.)

Staatsſekretär und ſomit unter den gelehrten und humaniſtiſchen Staatsmännern der Zeit ſtehend. Seine Danteausgabe haben wir ſchon erwähnt, ferner ſind von ihm weitere Kommentare zu lateiniſchen Dichtern, ſowie eigene lateiniſche Poeſien veröffentlicht worden.

Wir teilen aus dem Staatsarchiv von Florenz einen Brief des Marſilio an Lorenzo, jedoch aus dem Italieniſchen überſetzt, als Probe mit, in welcher Art dieſer die Freunde des Mediceiſchen Hauſes mit ſich verkehren ließ. Marſilio, der nie für ſich ſelber bat, ſchreibt:

†

„Magiſter Comando hat in Florenz 45 Jahre hindurch Schule gehalten und viele ſeiner Schüler ſind würdige Männer geworden. Ich gehöre zu ſeinen Schülern, wenn ich auch nicht ſicher bin, ob ich ihm zur Ehre gereiche. Du weißt, daß die Lage eines Schulmeiſters nicht ſchlechter ſein ſollte, als die eines Tafeldeckers. Ihn, und mich, empfehle ich Dir.

Dein Marſilius Ficinus.

An Laurentius Medici den Großmütigen.

Lorenzo hat dazu geſchrieben: 1475. Von Marſilio Ficino am 8. Tage des Juni.

So ſind wir nun dahin gelangt, nach den weſentlichſten Mitgliedern und Richtungen in ſeiner geiſtig-litterariſchen Umgebung noch den Magnifico ſelber, und in welcher aktiven Weiſe er mitten darin ſtand, zu betrachten. Von allen Bethätigungen, die die vielſeitige Natur dieſes Mannes ausgeſtrahlt hat, iſt die dichteriſche die lebhafteſte geweſen, und wäre der Poet Lorenzo bei Medici im übrigen die gleichgültigſte Perſönlichkeit geweſen, wir würden dennoch von ihm zu ſprechen haben. Er iſt lyriſcher und ſchildernder Dichter in italieniſcher Sprache und Form. Im Denken klar und frei, dazu ſchönheitsdurſtig und überſprudelnd im Vollgefühl des Lebens, wird Lorenzo als Poet, wie als Menſch überhaupt, in beſonders augenfälliger Weiſe von einem äußerſt lebhaften Naturſinn geleitet. Freilich iſt das eine ganz andere Naturempfindung als etwa die des Teutſchen, wie ſie in einem Stifter oder in unſern drei ſchleswig-holſteiniſchen Poeten ihre echteſten Vertreter hat. Die des Italieners iſt nicht jene germanische, die bloße landschaftliche Scenerie weit hinter sich lassende schwermütig angehauchte Hingabe der ganzen Persönlichkeit an die geheimnisvolle Stimmungsgröße der Natur. Diesen Romanen der Renaissance liegt es völlig fern, der poetischen Wirkung und dem Zauber der Natur einen anderen als höchstens einen behaglichen Einfluß auf das Gemüt zuzugestehen; sie verlangen auch hier den einfacheren ästhetischen Genuß mit dem Auge. Die Landschaft soll ihnen in der Weise des komponierenden Malers fertige Bilder mit dem wirkungsvollen Apparat von Konturen und Farben hinstellen, Bergkette und Flußthal unter dem Azur und den klaren Tönen des italienischen Himmels nebst dem harmonischen Detail anmutig gruppierter schimmernder Häuser und herrlicher Bäume, sich wiegender Pinien etwa und in schwarzen Spitzsäulen aufstrebender Cypressen über Olivengrau und sonnenbeglänztem Lorbeergebüsch. Veduten, wie Poggio a Cajano sie bot oder vom Abhang Fiesoles herab das Häuschen Polizians, der es liebte, die Freunde einzeln dahin zu laden, um in der Abendluft bei ihm und einem bastumflochtenen Fiasco Weins, „wie ihn Pico nicht besser hat", zu ernsthaft anmutigem Gespräch in der Loggia zu sitzen und über das Gärtchen weg hinüber auf Florenz zu blicken, das, gleichwie eine Wasserlilie ihren weißen Kelch entfaltet, drunten im Thal in ruhiger Weite und Schönheit sich öffnet.

Natur und ihre Werke wirken mit als Situation und Kolorit in den Liebessonetten und Canzonen, die Lorenzo seinem dichterischen Herzens- und Jugendideal, Lucrezia Donati, gewidmet hat. So bleiben bei solcher Verknüpfung der Geliebten mit der Natur bis zu den Veilchen hin, die ihre Hand gepflückt hat, die Verse frei von jeder Eintönigkeit, trotz der großen Anzahl der hier

an ein und dieselbe Adresse gerichteten Gedichte. Dann aber natürlich auch darum, weil eben Lorenzo der Dichter ist, und durch den Minnesängerton hindurch die feine Denkgewöhnung und Selbstbeobachtung des Renaissancemenschen auch in diesen Versen der Liebe sich nirgend verhehlt. Eine besondere eigene Naturschilderung, übrigens zugleich in mythologisch-ovidischer Einkleidung, ist dagegen die Ambra, ein dem bergumkränzten Ombronethal und dem geliebten Poggio a Cajano da drinnen gewidmetes Stanzengedicht. Ferner auch die „Fallenjagd": wie in der Sonnenaufgangsstimmung — der ganze Osten liegt rot, und die Gipfel der Berge erglühen schon in Gold — die Gäste hinausziehen zum vornehmen Spiel und schließlich nach dem Eifer der Jagd und der Hitze des Tages mit heiterem Mahle das Werk vollenden. Wieder an die Antike lehnen sich an Lorenzos Bearbeitung der bekannten Erzählung von Be-

Abb. 123. Kamin des XVI. Jahrhunderts. Im Vargello zu Florenz.
(Nach einer Photographie von Gebr. Alinari, Florenz.)

nus und Mars, die ebenfalls Botticelli
einen Stoff gegeben hat, und der Corinto,
die Liebesklage eines Hirten. Dagegen hat
sich der Dichter für dasselbe Thema in
der Nencia ganz und gar und zwar mit er-
staunlicher Meisterschaft in die Denkart und
Ausdrucksweise des toscanischen Landvolkes
versetzt. Diese Ottaverimen sind frei und
fern von jeder konventionellen Antikisierung,
ganz unmittelbar und nur Natur; ein Ka-
binettstück realistischer Schilderung, ohne doch
die letzte Grenze der Grazie und Form

überschreiten zu wollen. Der Bauernbur-
sche Vallera ist ganz verzweifelt verliebt
in seine Nencia und singt ihr nun die
reiche Ausführlichkeit ihrer Vorzüge und
seiner unerträglichen Liebe in lauter Wendungen und Gleichnissen, die so wundervoll
echt und ländlich, teilweise schändlich sind,
daß es dem Leser zur wahren Beruhigung
dient, zu wissen, daß sie wirklich und sicher
seine Nencia, „Nenciozza mia", ist, während
er zugleich sich vergeblich bemüht, die feine
Linie genau zu erkennen, wo in diesen

Abb. 124. Tanzbecher
mit dem Namenszug Lorenzos.
In den Uffizien zu Florenz.

bei Gesängen und Tänzen sich dieses Lebens zu freuen, die poetisch gehoben durch die wehmütige Mahnung der Resignation auch in Lorenzos berühmtem Karnevalgesange von Bacchus und Ariadne wiederkehrt und mit süßergreifendem Refrain jedem, der ihn nur einmal sich vorgesagt hat, unvergeßlich nachklingt:

> Quant' è bella giovinezza,
> Che si fugge tuttavia!
> Chi vuol esser lieto, sia:
> Di doman non c'è certezza.

'O, wie schön ist doch die Jugend, die uns täglich mehr entschwebt! Niemand weiß, wer morgen lebt: drum ist Frohsinn heute Tugend!'

Wenn eines noch, ist ja Italien das Land der öffentlichen Volksbelustigungen. Und dennoch sind diese —

Wo sen die künstlerisch-ehrliche Nachahmung toscanischer Volksimprovisationen aufhört und die heimliche Ironie beginnt. Am rückhaltlosesten aber hat der Dichter der Laune und dem Burlesken die Zügel schießen lassen in den Beoni: der reichlich heiteren Zechgesellschaft, die Lorenzo beim Heimwege, trifft und die in Ponte a Rifredi in ländlicher Wirtshausabgeschiedenheit ein Fäßchen Wein mit ausgelassenster Stimmung und tollen Späßen ausgetrunken hat. Ähnlich vereinigen auch die Tanzlieder Lorenzos althergebrachte toscanische Volksweise mit dem noch leichteren Ton einer über alle hergebrachte Satzung triumphierenden neuen Anschauungswelt; kurze Dichtungen gerade von richtiger Liedlänge, je ein paar Strophen, die mit munterster Laune und immer neuen Wendungen die Grundmoral verkündigen: Erlaubt ist, was gefällt. Es ist dieselbe Lehre des Genießens, solange man genießen kann, die Aufforderung, sonder Grillen und Sorgen Becher zu bekränzen und

Abb. 125. Laterne um 15??
Nach einer Photographie von Gebr. Alinari, Florenz.

Abb. 126 Piero dei Medici, Sohn des Lorenzo Magnifico.
Büste im Bargello von Ant. del Pollajuolo.

natürlich sämtlich mit der Kirche verknüpften — heutigen italienischen Volksfeste nur ein kümmerlicher Überrest dessen, was einst und was am schönsten damals war, als Kunstabsicht und Geschmack der Renaissance sich der Karnevalsfeiern, Prozessionen und Blumenfeste bemächtigten und ein Lorenzo bei Medici sich nicht zu vornehm hielt, Faschingsgruppen zu inszenieren und für einen poetischen Begleittext selber zu sorgen. Denn diesen

Abb. 127. Kamee mit dem Bildnis Savonarolas in den Uffizien zu Florenz.

praktisch erläuternden Zweck haben zunächst die Karnevalsgesänge mit ihren direkten Hinweisen wie: Quest' è Bacco e Arianna. Die historischen und sonstigen Festzüge, die unser deutsches städtisches Bürgertum in den letzten Jahrzehnten mit neuerwachter Farben- und Gestaltungsfreude wieder aufgenommen hat, finden ihr direktes Vorbild in der spezifischen Form jenes altitalienischen florentinischen Karnevals in seiner Abwechselung von verkleideten Reitern und Fußgängern mit geschmückten mächtigen Wagen, die mythologische oder repräsentative, frei phantastische oder auch einfach komische Kostümgruppen durch die Zuschauerreihen trugen. Um ein paar Beispiele zu geben, greifen wir von den Gruppen heraus, die Lorenzo erläutert: Bacchus und Ariadne; die sieben Planeten; Zuckerbäcker und Hippenbäcker; Goldfiligranarbeiter; Schuhmachergewerkschaft; junge Mädchen und alte Schwatzbasen; Eremiten; Lampenvolk; alte Männer und junge Frauen. Alles Gesänge voll Witz und Gestaltungskraft.

und mit dem Sirenenlächeln des Leichtsinns als Inhalt, der durch das Volk selber und durch den Faschingszweck erst recht gegeben war und der durch die Sinnesart des humanistischen Quattrocento gewiß keine Minderung erfahren sollte, ihr dagegen den darüber gebreiteten feineren poetischen Hauch und die Verknüpfung mit bewußten, wenn auch höchst einseitigen Lebenstheorien verdankt.

Doch wäre es grundfalsch, darauf verzichten zu wollen, auch bei dem Dichter Lorenzo Ernst und Tiefe anzutreffen. In den Ausgaben seiner Werke folgt hinter den Tanz- und Karnevalsliedern, die seine Dichtung in ihrer am meisten gesteigerten Weltlichkeit repräsentieren, die Reihe seiner religiösen Poesien. So schneidend dort dieser Kontrast berühren mag, so bestand er in der Person des Dichters doch nicht in gleichem Maße, es brauchten deswegen nicht zwei Seelen in dieser Brust zu wohnen. Wir haben schon die Verbindung von Christentum und Platonismus erwähnt, aus der Lorenzo seine Weltanschauung zu bilden suchte. Man wird daher auch nicht erwarten, in seinen Laudi (Hymnen) etwa einen Psalmisten oder einen Ambrosianischen Lobsänger zu finden. Sie sind, nach einem Worte Jakob Burckhardts, das höchste Resultat des Geistes jener Schule, die ihren Mittelpunkt in der Platonischen Akademie besaß.

Es hat etwas Ergreifendes, hier von neuem auf das Ringen um die Rätsel des Lebens und der Menschenseele zu stoßen, das auch in seinen Sonetten gefunden wird.

Abb. 128. Savonarola in seiner Zelle.
Nach einem Holzschnitt im Königl. Kupferstichkabinett zu Berlin.

Abb. 179. Zelle Savonarolas im Kloster San Marco.
(Nach einer Photographie von Gebr. Alinari, Florenz.)

Was mir mißfällt, dem folg' ich voll Begehren.
Zu höherm Leben wünsch' ich oft mein Ende,
Ich ruf' den Tod und fleh', daß er sich wende,
Ich suche Ruh', wo Friede nie kann währen.*)

Ganz ähnlich vermitteln in den Laudi die düsteren Fragen nach dem ungewissen Menschenlos, nach dem Wozu des Lebens und die Eingeständnisse dieses reich begnadeten Geistes von den bösen Stunden innerer Leere, von dem bleichen Grauen, über das der Tag wegschreitet, die Verknüpfung hinüber sogar zu dem Schellenklang des Karnevalliedes mit seinem Di doman non c'è certezza: es tritt uns trotz all der Extreme seiner Schöpfungen der Dichter doch wieder als der einheitliche, sich selbst

getreue Mensch entgegen und als die bei aller eifrig gepflegten Vielseitigkeit in sich geschlossene Persönlichkeit der Renaissance.

Wir haben Namen, Einzelheiten genannt, herausgerissene Teile des großen, weit umgrenzten Ganzen, in welchem Lorenzo als nicht mehr entbehrlich zu denkender Mittelpunkt Leben und Talente zusammenhielt. Wie verstand er es allein schon, die kleinen Reizbarkeiten und Schwächen der Freunde auszugleichen und durch seine bloße Gegenwart zu bannen! Auch die Platonische Akademie glitt ganz von selber als Ingredienz in die weitere mediceische Geselligkeit mit hinein, mochte sie sich damit immerhin zuweilen auf einen weniger ernsten Ton stimmen lassen. Gern beschied Lorenzo die gelehrte Runde nach Careggi hinaus und

*) Übersetzung von A. v. Reumont.

Bildnis Savonarolas. Gemälde von Fra Bartolommeo im Kloster S. Marco zu Florenz
Nach einer Photographie von Giacomo Brogi, Florenz.

präſidierte dort den wieder erneuerten dis-
putierenden Gaſtmählern des Plato.

Die Vorbildlichkeit ſeiner Perſönlichkeit
für die Zeitgenoſſen erſtreckte ſich in feinſter
Weiſe auch auf die Lebensführung im Hauſe.
Jetzt ging die köſtliche Zeit auf, wo das
Auge nichts Unſchönes mehr um ſich duldete, wo jedes Gerät, gleichviel ob einfach
oder koſtbar, vor allem nicht geſchmacklos
ſein durfte, und bei vorhandenen Mitteln
von dieſen Geräten, von Möbeln und Betten,
Teppichen und Wandbehängen, Tiſchzeug und
Geſchmeide ein jedes Stück ein Kunſtwerk
für ſich ſein ſollte (Abb. 121—125). Alles
im täglichen Leben hatte einen harmoniſch ver-
feinerten Zuſchnitt bekommen; es ward z. B.
nicht völlig als durchgebildet der gerechnet,
der nicht auch im Eſſen Geſchmack und
Unterſcheidungsfeinheit bekundete und bei

gegebener Gelegenheit einen exquiſiten Sinn
für Arrangement und Freuden der Mahlzeit
erwies. Nur wäre es durchaus unrichtig,
an ein durch die Medici veranlaßtes Protzen-
tum der Tafel zu denken, ſie haben im
Gegenteil erzieheriſch gewirkt. Bei Lorenzo
war ſtets offene Tafel, ſowohl in der Via
Larga, wie während der Zeit auf der Villa,
dem Orte der ſchönen Erholung und der
verdoppelten Freude an Gaſtlichkeit. Aber
dieſer fürſtliche Mann war ſeinbenkend genug, gerade denen, die als Freunde um
ſeinetwillen kamen, wie denen, die ſonſt berechtigt waren, ſich ohne weiteres mit an
ſeinen Tiſch zu ſetzen, eine einfache Tafel
zu bieten. So erſtrebte er überhaupt
eine bewußte Emancipation von dem damals noch herkömmlichen unterſchiedsloſen
gaſtronomiſchen Banauſentum. Bezeichnend

Abb. 150. Die Piazza della Signoria mit der Hinrichtung Savonarolas 1498.
Gemälde eines Unbekannten im Kloſter San Marco.
Nach einer Photographie von Giacomo Brogi, Florenz.

für Lorenzo und für andere iſt in dieſer Hinſicht folgendes Geſchichtchen. Einer der Sprößlinge Papſt Innocenz' VIII., Francesco Cibo, der Lorenzos Tochter Maddalena heimzuführen auserleſen war, kam nach Florenz, um das Haus der Medici zahlreichen Gefolgsleute dachte, die in einem mediceiſchen Nebenpalaſt beherbergt wurden. Unter irgend einem leicht gefundenen Vorwande rekognoszierte er, wie es da wohl ſtehe, erfuhr aber zu ſeinem abermaligen verblüfften Staunen, daß bei dem Gefolge fort-

Abb. 131. Papſt Leo X. (Giovanni dei Medici) mit den Kardinälen Giulio dei Medici (links) und Luigi dei Roſſi. Gemälde von Raffael Santi im Pittipalaſt zu Florenz. (Nach einer Photographie von Giacomo Brogi, Florenz.)

lennen zu lernen, und Lorenzo veranſtaltete alsbald dem vornehmen Sohne des Hauptes der Chriſtenheit ein paar rauſchende und glänzende Feſtlichkeiten. Danach aber fand ſich der Gaſt zu ſeiner größten Verwunderung an der Mittagstafel eines behaglich ſituierten Bürgers. Er erſchrat förmlich, indem er ſogleich auch an die Enttäuſchung und das Räſonnieren ſeiner während auf das üppigſte aufgetiſcht wurde und höchſtes Erdenglück herrſchte.

Nur als behaglicher Wirt, nie als Herr von Florenz ſaß Lorenzo unter ſeinen Gäſten, und wenn ſie ihn draußen beſuchen kamen, ritt er ihnen entgegen und führte ſie mit der ganzen ungeduldigen Diſputierluſt geſammelter Gedanken heim, die er in der ſchönen Freiheit des Villenlebens gewann.

Was dies Leben bedeutet hat, steigert sich im Überblick doppelt und dreifach, wenn man sich erinnert, daß es nur 43 Jahre gewährt hat. Die gichtischen Leiden des Vaters haben auch Lorenzos Dasein früh mit bösen Tagen unterbrochen, und seine Zuflucht zu verschiedenen der toskanischen Bäder hat wenig helfen wollen. Am Anfang 1492 warf es ihn bedenklicher aufs

Abb. 181.
Kamee mit dem Bildnis des Papstes Leo X.
In den Uffizien zu Florenz.

nicht in seinen letzten Stunden zu bedrücken brauche. Dann haben ihn seine Freunde, einer nach dem anderen, noch einmal gesehen, und es hat düster und fremdartig genug mitten dazwischen eine Gestalt ihn aufgesucht, wie sie nicht biametraler als das Gegenteil, als die völlige Negation von Lorenzos historischer Persönlichkeit erdacht werden könnte. Das ist der Dominikaner-

Lager. Sobald der Frühling kam, verlangte der Kranke hinaus nach Careggi; dort bestellte er sein Haus, nicht ohne Bedenken für dessen glückhaften Fortbestand, und sorgte auch, daß der Gedanke an einen allzu gut gemeinten Leichenprunk der Florentiner ihn

prior aus dem Kloster San Marco, Girolamo Savonarola. Es scheint doch, daß der Wunsch von Lorenzo ausgegangen ist, den schon in weiten Kreisen der Florentiner Bevölkerung vom untersten Volke her populär gewordenen Asketen und Prediger der Buße

Abb. 182. Herzog Giuliano (dei Medici) von Nemours. Gemälde von Bronzino.
(Nach einer Photographie von Gebr. Alinari, Florenz.)

zu sehen und sich mit ihm zu besprechen. Freilich, was nachher von anderen als verbürgt über die Begegnung aufgezeichnet worden ist, will in keinem Verhältnisse stehen zu der Großartigkeit der Vorstellung, die diese Scene erweckt.

Dann ist am Sonntag, am 8. April 1492, an Lorenzo dei Medici das Sterben beigesetzt, zu seinem Vater und Bruder in den Sarkophag (Abb. 78). Die Ereignisse veranlaßten, daß diese vorläufige Grabstätte zur dauernden geworden ist. Keine Inschrift, nicht einmal ein Name verrät, wo der berühmteste aller Medici ruht. —

Nun war Piero Herr (Abb. 126). Er war an Stärke und Anmut dem Vater

Abb. 134. Lorenzo dei Medici, Herzog von Urbino. Gemälde von Bronzino. (Nach einer Photographie von Gebr. Alinari, Florenz.)

gekommen. Und als wie in seiner Person zugleich, so will es fast bedünken, sind gar bald danach dahingeschwunden auch der Friede von Florenz, das Glück vom Hause Cosimos, die Selbständigkeit der italienischen Gemeinwesen gegen das Ausland und überhaupt der Renaissance heitere, nur um sich selbst bekümmerte goldene Jugendzeit.

In San Lorenzo haben ihn die Seinen überlegen, und nichts war an ihm versäumt. Pieros Erziehung war die sorgfältigste gewesen, an Bildung und an Vertrautheit mit dem Altertume nahm er es mit jedem auf. Niemals hatte der Vater unterlassen, den in großen Verhältnissen Heranwachsenden zu überwachen. „Gedenke stets, daß du wohl mein Sohn bist, doch nichts als ein Bürger von Florenz, wie ich auch!" Allein schon

Abb. 135. Madonne von Michelangelo in der neuen Sakristei von San Lorenzo.
(Nach einer Originalphotographie von Braun, Clément & Cie. in Dornach i. E., Paris und New York.)

das charakterisiert Piero nach seinem Re-
gierungsantritt, daß ihm Michelangelo gerade
gut genug war, um einen Schneemann im
Hofe des Palazzo Medici machen zu sollen.
Wir meinen gar nicht einmal das That-
sächliche dieser Absicht — gewiß hätte ihm
mancher bei der Wichtigkeit, die einem
tüchtigen Schneefall in Florenz immer gewidmet wird, diesen Gefallen mit scherzender
Leichtigkeit gethan — als vielmehr: daß

der, der den Staat zu lenken berufen war,
so wenig der Menschen kundig sein und so
sehr das schwerblütige Temperament dieses
tiefernsten Menschen und Künstlers verkennen
konnte, daß er gerade ihn darum zu ersuchen
vermochte. Piero war schon viel zu sehr und
ausschließlich Erbe. Glänzende Vergnügungen
und Gelage, das gefiel ihm, und sich im
Harnisch malen zu lassen, ohne sich aber
um die Rüstung der Stadt und die öffent-

8*

Abb. 136. Michelangelo's Grabmal des Herzogs Giuliano in der neuen Sakristei
von San Lorenzo.
(Nach einer Originalphotographie von Braun, Clément & Cie. in Dornach i. E., Paris und New York.)

lichen Geschäfte, die andere besorgen mochten,
zu kümmern. Die ältesten und besten Anhänger der Medici fragten sich bekümmert,
ob das so weitergehen könne.

Bei Lorenzos Tode hatte König Ferrante
gesagt: er hat für seinen Ruhm lange genug
gelebt, für Italien aber zu kurz. Bald
darauf starb Innocenz VIII., und es folgte
Alexander VI. aus dem spanischen Geschlechte
Borgia: als ob eine der verruchtesten Persönlichkeiten gerade von dem Stuhle der
Apostel herab der Menschheit gezeigt werden
müsse. 1494 starb Ferrante selber, und
nun zog gegen seinen Nachfolger Alfonso II.
der junge König Karl VIII. von Frankreich,
der sogleich nach seiner Regierungsübernahme
1492 den angiovinischen Anspruch auf Neapel
geltend gemacht hatte, über die Alpen heran.

Mit diesem Ungewitter beginnt die von
Ferrante bei jenem Ausspruch über Lorenzo
geahnte Periode der ausländischen Ein-
mischung und Entscheidung in den Geschicken
Italiens, und ihr erstes Opfer ward Piero
in Florenz.

Seine Dilettantenpolitik hatte soeben als
Grundlage geplanter monarchischer Umge-
staltungen ein Einverständnis mit Neapel
und Alexander Borgia herbeigeführt und
dafür die alte Freundschaft seiner Väter mit
Frankreich in den Wind geschlagen. Als
nun Karl sich nahte, den sein Verbündeter
Ludovico Moro von Mailand noch mehr
gegen den Florentiner aus nachbarlicher
Eifersucht aufgewiegelt hatte, benahm sich
Piero völlig kopflos. Er ging in das Lager
des Königs, lieferte diesem alle festen Plätze

Abb. 127. Michelangelos Grabmal des Herzogs Lorenzo in der neuen Sakristei
von San Lorenzo.
(Nach einer Originalphotographie von Braun, Clément & Cie. in Dornach i. E., Paris und New York.)

aus, gab auch Florenz preis und erreichte doch nichts als offenen Hohn. So trieb ihn denn bei seiner Rückkehr nach Florenz der bisher noch verhaltene Unwille zur Stadt hinaus, am 9. November 1494. Er ist nie zurückgelangt und 1503 gestorben. Wenige Tage nach seiner Verjagung rückten die Franzosen ein, und alle Unterwürfigkeit schützte Florenz nicht vor der Behandlung als feindliche Stadt. Am schmählichsten aber war: von den bei Pietros eiliger Flucht im Palazzo Medici zurückgebliebenen Kostbarkeiten wurde ein Teil gestohlen und geraubt, ein anderer banausisch-zwecklos verstreut und vernichtet.

Nach dem Weitermarsche des Königs gegen Alexander VI. und Alfonso ist dann das Regiment des Mönches zustande ge-

kommen. Savonarola (Einschaltbild zwischen S. 110 und S. 111; Abb. 127—130) allein stand fest mitten in all der Ratlosigkeit, im felsensicheren Vertrauen auf seine gottgewollte Mission und Autorität. Täglich wuchs der Kreis, der sich an ihn anzulehnen, von ihm geführt zu werden verlangte. Ob auch Alexander VI., der ohnedies die Medici vorzog, mit Vorladungen, Strafen, Bannfluch gegen den selbstischen und unbotmäßigen Priester verfuhr, der sich Gottes Botschafter nannte und keinen anderen anerkannte, und der sich erlaubte, in die Organisation des Dominikanerordens nach eigenem Belieben einzugreifen, ob ferner die vornehmen und wohllebigen Kreise der Florentiner voll Wut erfüllt waren gegen den Demagogen der

Abb. 136. Lesesaal der Laurenziana. (Michelangelo.)

Entsagung, nichts konnte Savonarola und seine fanatisierten, mit dem Kampfrufe „Viva Cristo!" durch die Straßen stürmenden Volksmengen aufhalten. Und als es ihm gelungen war, eine beabsichtigte Überrumpelung der Stadt durch Piero zu vereiteln und fünf vornehme Herren dem Henker zu überliefern, da konnte, im Jahre 1497, das lange Gewollte und Vorbereitete geschehen: der Staat ward umgewandelt in eine Theokratie, der Heiland in phantastischer Verzückung zum König und Oberhaupt von Stadt und Bezirk Florenz ausgerufen, über das Portal des Regierungshauses die Inschrift gesetzt: „Jesus Christus Rex Florentini Populi S. P. Decreto Electus", und zu seinem Statthalter bestellte sich als ein neuer seltsamer Gewaltherr der Dominikaner. Savonarola ist, wenn man ihn gleich mit auf das Wormser Lutherdenkmal gesetzt hat, nichts so wenig als ein dogmatischer Vorläufer der Reformation und des Protestantismus; er ist überhaupt seinem ganzen Wesen nach kein Vorläufer, sondern ein Spätling: ein Geistesverwandter der Männer

von Cluny und der Heiligen von Clairvaur und Assisi, ein in seinem ehrlichen Fanatismus gewaltiger und hinreißender Reaktionär des konsequenten Mittelalters, eine Gestalt, die berufen gewesen wäre, an der Seite eines Gregor VII. die Unterjochung der Nationen unter die Askese und Weltverneinung des cluniacensischen Ideals zu vollenden. Nun hatte ein derartig veranlagter Mann aber auch am Ende des XV. Jahrhunderts die Berührung mit einer entsprechenden Stimmung gefunden, die ihn völlig erwecken und zu den Extremen tragen mußte: Übersättigungsstimmung nach der Schönheitstrunkenheit. Genußfreude und Sittenwillkür von Jahrzehnten, wohinzu der populäre Haß einer einfachen Kirchlichkeit gegen den geistesstolzen Theismus und Platonismus der aristokratischen Kreise kam. Darum konnte episodisch die Verachtung alles Weltlichen zur politischen Doktrin und Praxis in Florenz werden und die Stadt, solange die Ekstase anhielt, der Schauplatz unablässig wiederholter derwischhafter Szenen. Die Hauptausführung der Askese ward für den

Karnevalstag von 1497 ins Werk gesetzt.
1300 Kinder hatten vorher Haus für Haus
den Tand der Welt eingefordert und gewaltige Mengen zusammengebracht von
Würfeln, Spielkarten, falschen Haaren, Ei-
senzen, Masken und seidenen Kleidern,
Flöten, Geigen und Harfen, Teppichen und
Hausgerät, Decamerone- und Morgante-
ausgaben, antiken Klassikern, Gemälden von
üppigen Scenen und von schönen Frauen.
Dies alles zu hoher Pyramide getürmt
wirbelten reinigende Opferflammen am Fast-
nachtdienstage vor feierlich versammelter
Stadt auf dem Signorienplatz zu Rauch
in die Lüfte empor. Kinder und Frauen

umtanzten mit Kränzen und Olivenzweigen
den Scheiterhaufen der Vanità und warfen
Goldringe, Spangen oder was sie noch von
Schmuckgerät an sich trugen, in die lodern-
den Flammen hinein.

Savonarola ist umgekommen durch das,
womit er gewirkt hatte, durch überreizte
Kampfbegeisterung. Gegen die Dominikaner
stand in hergebrachter Rivalität der Orden
des heiligen Franciscus, und hinter diesem
lauerte alles, was noch zu den Medici hielt,
was die Auflehnung wider den Papst miß-
billigte, oder was im geheimen auf das
Ende der Duckmäuserei und ein in der
Entbehrung zu neuer Genußfähigkeit er-

Abb. 139. Papst Clemens VII. Gemälde von Bronzino.
Nach einer Photographie von Gebr. Alinari, Florenz.

holtes Leben weltlicher Vergnüglichkeit harrte. Franziskaner und Dominikaner kamen in der Polemik so weit, sich gegenseitig zum Gottesurteil herauszufordern, zu einer Feuerprobe. Deren Inscenierung hatte für die Dominikaner insofern geradezu etwas Dringliches, als schon im Karneval von 1498 die Wiederholung des Autodafés der Eitelkeiten verunglückt war und nur ein anderes Flammenschauspiel die Gemüter wieder gehörig hinreißen konnte. So ward also im April 1498 das schreckhafte Unternehmen vorbereitet. Bald harrten zwei nachbarliche Holzstöße auf der Piazza della Signoria, mit Pech und Öl liebevoll durchtränkt, der Glaubenshelden, die sie besteigen wollten.

Singend und mit allem kirchlichen Gepränge, Savonarola voran, ziehen die Dominikaner auf den Platz, schweigend, in entschlossenem Ernst, die Franziskaner. Da fordert Savonarola, die Seinen sollen die Hostie mit auf den Holzstoß nehmen dürfen. Das bedeutet: entweder behütet der Leib Christi die irdischen Gefährten in der Flammenprobe o h n e ihr Verdienst oder —

er verbrennt mit. Beides kann unmöglich zugegeben werden. Aber der Prior beharrt darauf; dadurch vereitelt er zwar das Gottesurteil, aber verliert sein Spiel. In dieser einen Minute bricht der Gottesstaat von Florenz zusammen, alle Gegnerschaft ist plötzlich offen zur Stelle, Savonarola und seine nächsten Freunde werden ins Gefängnis gebracht, gerichtet und bekennen schon in leichten Graden der Folter, was man nur wünscht. Sie werden auf dem Signorienplatz an der nämlichen Stelle, wo die Pyramide der Eitelkeit und die Scheiterhaufen des Gottesurteils aufgerichtet gewesen, erhenkt, ihre Leichname verbrannt, die Asche in den Arno gestreut (Abb. 130.)

Wir eilen zum Schlusse. Aus den nun folgenden Verfassungsexperimenten ging im Herbst 1502 ein lebenslängliches Gonfaloniorat hervor, das in die Hände eines Sohnes des früher genannten Tomaso Soderini, Piero, gelegt ward. Er führte zehn Jahre lang ein gutes und rechtliches Regiment, dann machte von außen her der große kraftvolle Papst Julius II. ein Ende und führte den

Abb. 140. Karl V. und Clemens VII. Gemälde im Signorienpalast.
(Nach einer Photographie von Gebr. Alinari, Florenz.)

Abb. 145. Alexander dei Medici. Gemälde von Bronzino.
(Nach einer Photographie von Gebr. Alinari, Florenz.)

Kardinal Giovanni sowie Giuliano dei Medici, die jüngeren Söhne des Magnifico, in die Stadt zurück und mit ihnen die alte Regierungsform des privaten Einflusses auf die Behörden. Da Giovanni schon 1513 als Leo X. (Abb. 131 und 132) selber Papst ward, trat statt seiner an die Seite Giulianos, der durch französische Verleihung Herzog von Nemours (Abb. 133) hieß, ein Neffe. Das war Pieros Sohn Lorenzo (Abb. 134), den Leo nach gewaltsamem Sturze der Montefeltre mit dem Titel eines Herzogs von Urbino ausstattete, von dessen Florentiner Regierung jedoch ebensowenig wie von seinem Privatleben etwas Rühmliches zu sagen ist.

Der Herzog von Nemours starb 1516, der von Urbino 1519; nun kam an die Reihe, das Haus Medici zu vertreten, Giulio, der Sohn des einst von den Pazzi ermordeten Giuliano, jetzt Erzbischof und Kardinal, ein ernster und gemessener Mann, weder so geistvoll, noch so prunk- und vergnügungssüchtig, wie Leo X. Aber der Name verpflichtete ihn, und ihm wird verdankt, was Florenz aus den reiferen Jahren des Michelangelo besitzt: vor allem der Bau der neuen Sakristei von San Lorenzo mit den Monumenten der beiden 1516 und 1519 gestorbenen Herzöge, deren menschliche Kleinheit allerdings in bedrückendem Gegensatz und in gar keiner inneren Beziehung steht zu dem Gedankeninhalt und der Großartigkeit des um den eigentlichen Gegenstand unbekümmerten Michelangelischen Werkes (Abb. 135—137); ferner die Treppe und der Vorbau der wiederhergestellten Laurenzianischen Bibliothek und deren Lesesaal (Abb. 138). Giulios Leitung von Florenz war eine tüchtige, und man sah ihn ungern scheiden, als er am 19. November 1523 als Papst Clemens VII. (Abb. 139) nach Rom ging. Clemens' Pontifikat mit seinen Stürmen hat dann auch Florenz, das als Appendix des mediceischen Papsttumes regiert wurde, in lang entwöhnte äußere Kriegsnöte gestürzt. Der Sturm der kaiserlichen Armee auf die ewige Stadt im Jahre 1527 und die Gefangenhaltung des Papstes brachten in Florenz die Republikaner empor; aber die weitere Folge war, daß, als Papst und Kaiser Frieden gemacht hatten, ihr vereinigtes Heer vor Florenz kam (Abb. 6 und 140). Vom

Oktober 1529 bis August 1530 hat die Stadt, deren Befestigungen Michelangelo vervollkommnet hatte, die Belagerung nicht ohne Heldenmut ausgehalten. Der Medici, dem sie dann nach geschehener Übergabe unterstellt ward, war Alexander (Abb. 141), ein natürlicher Sohn des Lorenzo von Urbino, man sagte von einer Mohrin oder Mulattin, und so sah er mit seinem dunklen Gesicht, wolligem Haar und seinen wulstigen Lippen in der That aus. Er ward die nächsten sechs Jahre hindurch der Schrecken der Florentiner Frauenwelt, die er mit ungezähmten Gewaltthaten heimsuchte, bis ihn im Januar 1537 sein Vetter und Vertrauter Lorenzino dei Medici erdolchte. Freilich dem jungen Lorenzino brachte seine Brutusthat nur ein flüchtendes Abenteurerleben in der Fremde, statt seiner gelangte diejenige Linie zur Herrschaft, bei der diese dann endlich geblieben und zur Ruhe gekommen ist.

Abb. 142. Marmorbüste Giulianos dei Medici von ungewissem Meister.
Im Bargello zu Florenz.
(Nach einer Photographie von Giacomo Brogi.)

Abb. 143. Marmorbüste Giovannis dei Medici, genannt delle bande nere,
von Francesco da Sangallo.
Im Bargello zu Florenz.

Ein Enkel von Cosimos des Alten im Jahre 1440 verstorbenem Bruder Lorenzo war Giuliano (Abb. 142), der Gemahl der schönen und mutigen Caterina Sforza, einer der anziehendsten Frauen ihrer Zeit. Beider Sohn war Giovanni, der als der tapfere Führer der „schwarzen Banden" in dem allgemeinen europäischen Kriege in Italien Ruhm und den Beinamen „delle bande nere" erwarb (Abb. 143), aber 1526 gegen die Frundsbergschen Landsknechte fiel. Dessen Sohn schließlich ist Cosimo I. (Abb. 144), dem es gelang 1537 Herzog zu werden, für den 1569 der Papst Pius V. anstatt des Königstitels die neue Bezeichnung granduca, Großherzog, erfand, und dessen Geschlecht von seiner Residenz im Florentiner Pittipalast (Abb. 145 und 146) aus bis 1737 Toscana tüchtig und gut, zugleich unter Berücksichtigung der Wissenschaften und Künste, was als Ehrensache des Namens Medici galt, regiert hat.

Der Nachlebende gönnt es Toscana gerne, durch alle neueren Jahrhunderte hindurch das weitaus wohlregierteste Land von Italien, zumal gegenüber der romantischen Verwilderung im benachbarten Kirchenstaat, gewesen zu sein. Aber was kümmern den, dessen Seele den vollen Anblick der höchsten Schönheit sucht, wenn das Wunderland Italien in seinen Gedanken aufsteigt, die guten Wege, die erfolgreichen Anlagen, die Wohlstand verbreitende Sorgfalt der Großherzöge, was die breite Pompösität ihrer Bauten, die gewandte Kunst ihrer Giovanni da Bologna oder Giorgio Vasari?! Der Name Medici, für sich gesprochen, weckt nur ein anderes, früheres, köstlicheres Gedenken. Was wir zu schildern gesucht haben, ist eine Zeit voller Gefahr und Lustetigkeit, voller Gewaltthat und Frevel und mit allen Mißhelligkeiten nicht normal regierter Staaten; wir haben bei denen, die zu Führern in Politik und Leben berufen waren, zu allen Allgemeinsinn, Ernst und schönsten Streben auch Eigensucht und Skrupellosigkeit, unverhüllte Sinnendreistigkeit, manche sittliche

Irrung wahrgenommen. Und doch hält uns, wer wir auch seien, der Zauber jener Tage gefangen und verschließt uns wie mit schmeichelnder Hand die Lippen, die durch ein Tadelwort geglaubt haben ihr Entzücken sicherer stellen zu müssen. Jene Zeit war anderen Perioden nicht gleichkommt, vor diesen außer Sonstigem den Mut der Wahrheit voraus. Und wodurch sie sich über alle hebt, das sind der unvergleichliche Reichtum geistiger und künstlerischer Bestrebungen und eine schöne Freiheitlichkeit, die alle zu jeg-

Abb. 111. Bildnis des Herzogs Cosimo I.
Gemälde von Bronzino in der Accademia zu Florenz.
(Nach einer Originalphotographie von Braun, Clément & Cie. in Dornach i. E., Paris und New York.)

nicht nur schönheitsgewaltig und groß auch in ihren Fehlern groß und vor allem niemals gewöhnlich — sie war auch ehrlich, und niemand wollte sich selbst oder andere belügen. So hat sie, wenn sie der wirklichen Sittenstrenge einzelner oder der mit Erfolg geheuchelten guten Moral der meisten licher Selbstentwickelung einlud, und die das Genie bis zu den höchsten Sphären des Erreichbaren trug.

Die italienische Renaissance ist nur ein kleiner Teil der allgemeinen Kultur- und Gesellschaftsgeschichte. Doch noch heute ist nicht alles vollendet, was sie der künftigen

Abb. 145. Palazzo Pitti, die Residenz der Großherzöge zu Florenz.
(Nach einer Photographie von Giacomo Brogi, Florenz.)

Menschheit vorgezeichnet hat, und wir Leute der Gegenwart haben sie in manchem erst wieder einzuholen, worin sie durch einige Auserwählte den Zeiten und der Gesamterziehung weit vorausgeeilt war. Indem sie ein unverhülltes, gegen sich selbst und andere ehrliches und schön beabsichtigtes Menschentum, indem sie ferner das Recht der Persönlichkeit, die vielseitige Ausbildung aller Kräfte und Anlagen, die stete Läuterung

Abb. 146. Blick vom Palazzo Pitti auf den Signorienpalast.

Abb. 147. Die Tribuna in den Uffizien zu Florenz.
(Nach einer Originalphotographie von Braun, Clément & Cie. in Dornach i. E., Paris und New York.)

durch rastlose Arbeit an sich selbst und die relative Berechtigung verschiedener Weltanschauungen gewollt und, ungeachtet derer, die die allzurasche Befreiung nicht ertrugen, alles das auch schon in einzelnen Vorbildern gezeigt hat, stellte sie für die übrigen Nationen und für die nachkommenden Geschlechter diejenigen Aufgaben, deren fortschreitende Lösung wir Heutigen vom modernen Geisterhoffen.

Abb. 148. Lilienwappen von Florenz an or San Michele.
Nach einer Photographie von Gebr. Alinari, Florenz.)

Die im Text erwähnten Linien des Hauses Medici.

Bonus

Bernardus

Giambuoni (gegen 1250)

Chiarissimo

Filippo

Averardus

Averardus, Gonfaloniere 1314.

Juvencus
(Radelmann,
darum bie
beiligen
Kugeln von
Clugana.)

Bonagiunta

Ugo

Galganus

Bonagiunta

Arrigo gen. Chaccio

Ardingo 1291. 1316.

Chaccio 1298. 1315.

Chiarissimo 1253.

Filippo † 1290.

Silvestro   Chiarissimo

Averardo Bicci

Arrigo   Alamanno   Cambino

Salvestro (Radelmann) † 1388.

Giovanni d'Averardo 1360—1429.

Lorenzo 1394—1440.

Giuliano 1467—1514. Herm. Clariffa Orfini.

Lorenzo 1463—1456.

Giovanni delle bande nere 1498—1526.

Lorenzo Francesco 1496—1525.

Giuliano 1547.

Cosimo 1519—1574. Herzog 1537. Großherzog 1569.

Lorenzino 1514.

Giuliano † 1588. Erzbischof v. Pisa.

Piero Francesco 1431—1477.

Cosimo 1389—1464. Gem. Contessina bei Bardi.

Giovanni 1421—1463.

Cosimo † jung 1463.

Carlo (Probst zu Prato.)

Bianca verm. bei Pazzi.

Nannina verm. Rucellai.

Maria verm. be Rossi.

Contessina verm. Ridolfi.

Lucrezia verm. Salviati.

(Giovanni.)

Piero 1416—1469. Gem. Lucrezia Tornabuoni.

Giuliano 1453—1478.

Giulio, 1478. 1534. = Papst Clemens VII. 1523.

Maddalena † 1519. Gem. Francesco Cibo, Fürst von Massa.

Giuliano 1475—1516. Gem. Filiberta von Savoyen, Herzogin von Nemours.

Hippolyt 1511—1535. (Kardinal.)

Cosimo   Clarice verm. Strozzi.

Alexander 1510—1537. Herzog v. Florenz 1531. Gem. Margarete, unehel. Tochter R. Karls V.)

Lorenzo Magnifico 1449—1492. Gem. Clarice Orfini.

Piero 1471—1503. gem. 1. Alfonsina Orfini. · 2. Battista Cibo. 1513.

Giovanni 1475—1521. = Papst Leo X. 1513.

Lorenzo 1492—1519. Herzog von Urbino. Gem. Margarete von Boulogne.

Cosimo

Catharina 1519—1589. Gem. R. Heinrich II. von Frankreich.

† 1737.

(Die ( ) Namen betreten unehelich Geburt.)